哈佛商务指南系列⑤

经理人百宝箱

——管理者走向成功必备的13种技能

哈佛商学院出版公司 编

王晓磊　王晓卉 译

商　务　印　书　馆

2012年·北京

Manager's Toolkit:

The 13 Skills Managers Need to Succeed

图书在版编目(CIP)数据

经理人百宝箱:管理者走向成功必备的13种技能/哈佛商学院出版公司编;王晓磊等译.—北京:商务印书馆,2007.8(2012.6重印)
(哈佛商务指南系列)
ISBN 978-7-100-05291-7

Ⅰ.经… Ⅱ.①哈…②王… Ⅲ.企业管理 Ⅳ.F270

中国版本图书馆CIP数据核字(2006)第160917号

经理人百宝箱
——管理者走向成功必备的13种技能
哈佛商学院出版公司 编
王晓磊 王晓卉 译

商务印书馆出版
(北京王府井大街36号 邮政编码100710)
商务印书馆发行
北京瑞古冠中印刷厂印刷
ISBN 978-7-100-05291-7

2007年8月第1版 开本710×1000 1/16
2012年6月北京第2次印刷 印张26¾
定价:67.00元

商务印书馆—哈佛商学院出版公司经管图书翻译出版咨询委员会

（以姓氏笔画为序）

致中国读者

哈佛商学院经管图书简体中文版的出版使我十分高兴。2003 年冬天，中国出版界朋友的到访，给我留下十分深刻的印象。当时，我们谈了许多，我向他们全面介绍了哈佛商学院和哈佛商学院出版公司，也安排他们去了我们的课堂。从与他们的交谈中，我了解到中国出版集团旗下的商务印书馆，是一个历史悠久、使命感很强的出版机构。后来，我从我的母亲那里了解到更多的情况。她告诉我，商务印书馆很有名，她在中学、大学里念过的书，大多都是由商务印书馆出版的。联想到与中国出版界朋友们的交流，我对商务印书馆产生了由衷的敬意，并为后来我们达成合作协议、成为战略合作伙伴而深感自豪。

哈佛商学院是一所具有高度使命感的商学院，以培养杰出商界领袖为宗旨。作为哈佛商学院的四大部门之一，哈佛商学院出版公司延续着哈佛商学院的使命，致力于改善管理实践。迄今，我们已出版了大量具有突破性管理理念的图书，我们的许多作者都是世界著名的职业经理人和学者，这些图书在美国乃至全球都已产生了重大影响。我相信这些优秀的管理图书，通过商务印书馆的翻译出版，也会服务于中国的职业经理人和中国的管理实践。

20 多年前，我结束了学生生涯，离开哈佛商学院的校园走向社会。哈佛商学院的出版物给了我很多知识和力量，对我的职业生涯产生过许多重要影响。我希望中国的读者也喜欢这些图书，并将从中获取的知识运用于自己的职业发展和管理实践。过去哈佛商学院的出版物曾给了我许多帮助，今天，作为哈佛商学院出版公司的首席执行官，我有一种更强烈的使命感，即出版更多更好的读物，以服务于包括中国读者在内的职业经理人。

在这么短的时间内，翻译出版这一系列图书，不是一件容易的事情。我对所有参与这项翻译出版工作的商务印书馆的工作人员，以及我们的译者，表示诚挚的谢意。没有他们的努力，这一切都是不可能的。

哈佛商学院出版公司总裁兼首席执行官

万季美

目 录

目 录

第二部分:到达下一个高度

第三部分：精通财务工具

经理人百宝箱

序　言

序 言

如果，你是一位管理者，那么，你之所以能够得到这个职位，是因为你曾经是一名有突出表现的个人。作为一名个人独立贡献者，你开发并完善了很多有价值的工作技巧。你的工作完成得非常出色，并且也能够按时完成工作。但是，作为管理者的你所要扮演的是更为重要的角色。在这个全新的角色当中，你会觉得以往独立工作并取得成功所依赖的出众才能和技术，往往没有太多的用武之地。你在早期获得的那些业务专长以及岗位技能当然非常重要，但是却无法涵盖你新角色的全部。作为管理者，你要把其他人的精力、创造力、专业特长等融为一体，并取得一定成绩。例如，你的销售技能使你身居大区销售经理的职位，那些销售技能当然有助于你用来培训你的下属，但你是否能够成为一位成功的管理者，却要取决于另外一些能力：你是否有能力找到、聘用并留住优秀的人才；你能否激励并发挥出每一位团队成员的潜能；你是否能够制定一个必胜的计划；你是否能够有效地控制预算；能否作出正确的决策；能否解聘那些没有能力或者不愿承担自己工作的人；是否能够帮助员工振作起来等等，在这里将不一一列举。这是个全新的挑战，这个全新的挑战对于成功有着不同的衡量标准，而且它需要新的技能。

无论你是一位新上任的管理者，还是一个资深的专业人士，本书将帮助你学习并提高优秀管理者必须掌握的13种技能。本书的每一章里都包含了你可运用的专业管理理念，同时还给出了供你在日常使用时参考的丰富的实用建议、个人指导和背景信息。

本书主要内容

本书分为三个部分。第一部分阐述了五种必备技能，它们是造就一个强大、高效的管理者的基石。第1章阐述的是为大家设定一个目标。文中阐述了为什么单位目标要与企业目标相结合，有效目标的一些特点，同时还告诉我们实现为单位和个人设定有效目标的技巧。

第2章和第3章阐述了两种相关的技能：聘用和留住优秀员工。对优秀员工进行得当的管理是你成功的关键。在第2章中，你可以学习到以下最新知识：定义职位要求；招募新员工；雇佣那些愿意为你工作，并能够很好地完成工作的员工的五个步骤。第3章中阐述了留住优秀员工对公司管理者的重要性，员工为什么选择留下来？员工又为什么选择离开？另外，和其他一些理论不同的是，本章认为员工的流动未必是一件坏事。只有那些招聘或者培训成本很高，对顾客和公司都有很高价值的“比较昂贵的员工”的流动，才是真正的问题。这就使管理者要区分在一个部门中员工和员工个体之间的差别;一些员工的商业价值要高于另外一些员工。管理者要尽力留住那些能给企业创造最大价值的员工。了解谁是最有价值的员工,是管理者需要不断提高的技能。

授权是第 4 章讨论的议题。这是一种基本技巧。一位不会有效授权的人永远不可能成为一位好的管理者。本章指出了经理人应该开始授权的几个警示标志,同时还告诉我们如何正确地授权。第 5 章阐述了另外一个相关的问题:时间管理。管理者如果不会授权,那么他就会发现自己的日程表将会超负荷。另外,还有很多其他时间制约因素。本章就是要告诉你如何摆脱"时间杀手",成为自己时间的主人。

在接下来的第二部分里阐述的是更加富有挑战性的管理技巧话题。其中第 6 章阐述的是关于团队协作的问题。许多富有经验的管理者,习惯于做"老板"的人都发现这个问题处理起来非常困难。在这里,你可以获得关于团队协作的基础知识:为什么需要团队?在什么情况下需要团队?如何打造一个团队?如何领导和驾驭一个团队?如何评估团队成员的表现?

第 7 章阐述的是通过评价和指导来持续提高业绩。评价和指导为你和你的员工进行必要交流和听取反馈意见创造了机会。虽然评价不一定是你每天要做的工作,但是指导却是你每天都能够用到的技巧。第 8 章阐述了一个和指导相关的话题:问题员工。一个行为不端、表现不佳的员工,可以用激励和反馈的方法,使其"归队"。然而,如果员工不能或者没有动力把工作做好,最后带来的结果只能是被解雇。解雇过程对于相关各方来说都是件困难的事情。如果处理不当，可能会导致公司声誉受损，更为严重的是公司还可能因此而遭到法律诉讼。本章阐述了在这种情形下，哪些事情可以做，哪些事情不可以做。

你的电脑主机是否崩溃过？从来没有？但是，如果真的真发生这种情况，你该如何处置？所有企业最终都会面临这样或那样危机的威胁。首席执行官(CEO)由于汽车事故而不得不进行了三个月的牵引治疗。消费者发现啮齿动物掉进了你公司装珍贵优质的腌制产品的坛子里。灾难的可能性实际上是永远存在的。在本书的第 9 章中将告诉我们如何通过计划和准备来避免风险和应对另外一些不可避免的风险。本章针对于危机发生时如何有效地解决危机并从中学习经验提出了一些实用的建议。危机管理在管理者的意识中可能是最遥不可及的事情——直到危机真正发生的那一刻。因此，机灵一些，未雨绸缪，现在就着手作预案吧。

第 10 章告诉我们如何在职业生涯中创造出最大的价值。它将帮助你确定你事业的核心利益所在、工作价值以及相关技能。一旦你开始接触这些，你就会更用心地去寻找最适合你自己的发展道路。但是，事业的发展并非只是针对个人的。作为管理者，着手考虑你的员工的事业发展也是你的职责之一。这些你都可根据本章所阐述的方法进行。

通常来说，对一位管理者最基本的挑战是塑造领导力。正如本书第 11 章里所阐述的那样，“管理”和“领导”之间的界限是模糊的。管理者必须能够起到领导作用，同样，领导者也一定要具备一定的管理知识。为了帮助你提高你的领导技巧，本章中明确地阐述了有效领导者的特点，简述了他们如何平衡组织里常常出现的一些摩擦，如何制定出一个能够使众人追随的愿景。真正的领导者也是改革的代言人，当他发现有固步自封的情况出现的时候，他会将它打破。

第 12 章讲述的是战略。在大多数情况下，战略的制定是领导技巧的一种体现，因为是它为组织中的其他人确定了前进的方向。正如本章中所阐述的那样，战略是对行动计划的精心探究，以便使整个组织在竞争中保持比对手更强的竞争力。汲取了迈克尔·波特(Michael Porter)、克莱顿·克里斯滕森(Clayton Christensen)，以及在该领域的其他思想家的理论，本章阐述了商业差别化和优势化的不同方法。着重讲述了如何使用这些方法来制定商业战略和纠正商业行为的五个步骤。

第三部分则涵盖了所有中级或者高级管理者需要了解并学习和应用的财务工具。财务知识在管理学中的重要性是占主导地位的。本章所要讨论的是“预算”(第 13 章)，如何读懂并且理解“财务报表”(第 14 章)，“净现值分析”和“内部投资回报率”(第 15 章)，以及“盈亏平衡分析”(第 16 章)。这些工具能够帮助经理人抓住生意的脉搏，进行很好的控制并作出更好的决策。

本书所涉及的各项技能，都有特定的词汇。尤其是财务这一章。哪怕只是搞清术语的含义，都可以帮助你掌握状况，更有效地与其他管理者和技术专家沟通。在本书结尾，你会找到一个记录所有重要术语的术语表。

在本书最后，你会发现一个“扩展阅读”部分。在那里，你会找到最新发行的书籍和相关的文章，或者参考资料——大多数都是经典的——或许，你可以发现更多的参考资料，或者是更独特的视角。如果你想从这些话题中学到更多的东西，那么你便可以参考这些资料。另外，访问哈佛的官方网站：www.elearning.hbsp.org/businesstools，在那里你可以获得免费互动工具、测评表、该书中所引用的工作表和其他“指南系列”图书。

第一部分 从最基本的学起

经理人百宝箱

1 制定众人追随的目标

1 制定众人追随的目标

——对结果承诺

本章重点话题

- 为什么各级目标要基于企业的战略目标来制定
- “自上而下”和“自下而上”目标制定法
- 有效目标的特点
- 制定单位目标和个人目标
- 确定优先级
- 完成目标所需要的四个步骤
- 事后评估

所谓目标制定就是你明确计划要去实现的指标的一个过程。它是管理中必不可少的元素之一。当你制定了目标,那么就意味着你承诺了一个结果,一个通过你个人或者通过你下属的努力可以完成的结果。通过目标制定,才能把有限的资源和时间集中到最重要的事情上去。目标制定确定了行动路线。

通过制定目标,以及衡量完成效果,你才能专注于最重要的事情,才能避免在无足轻重的事情上浪费精力,从而取得更大的工作成果。作为管理者,为你的单位以及你自己制定目标是你的职责。本章中将阐述如何正确地制定目标。[1]

从企业战略目标开始

目标的制定应基于企业的战略目标。例如,企业的战略目标是通过产品的迅速导入,使得企业产品的市场占有率保持领先,那么个人目标和单位目标都应服务于此战略目标。事实上,个人目标、单位目标和企业目标,是一个自下而上、相互关联的目标组合。如图 1—1 所示:

在该图中,企业战略目标在最顶端。每个运营单位的目标都

图 1—1　目标组合

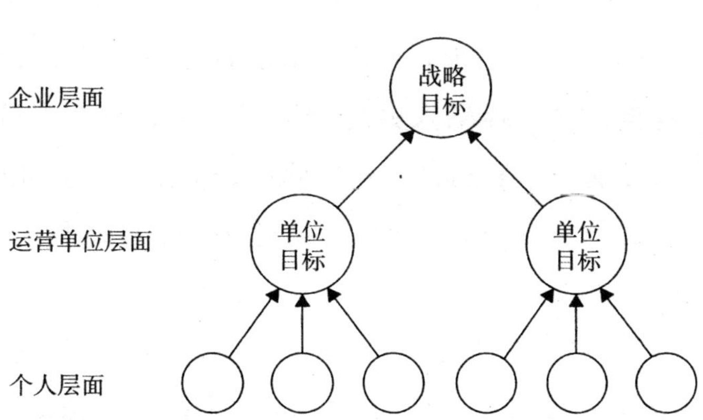

直接支持企业战略目标。诸多运营单位内部的团队和个人所领受的目标又支持他们的单位目标。这些组合目标的真正力量，在于它们与最高目标的一致性。理论上来说，每个雇员都应清楚他(她)的个人目标，并且知道如何服务于单位目标，而单位又知道如何用行动来支持企业的战略目标。

制定目标："自上而下"还是"自下而上"？

目标的制定通常有两种方法："自上而下"法和"自下而上"法。在"自上而下"法中，管理层制定一系列的主目标，同时，每个雇员被分派的都是与主目标相关并且支持主目标的任务。这个方法最适合刚刚加入组织的新员工，他们对于单位或者企业目标还不是很熟悉，因此他们需要近身的指导与监督。

在"自下而上"方法中，员工们制定自己的个人目标，然后，他们的管理者将这些目标融入更高的组织目标。只有当员工拥有较好的自我指导能力，清晰地了解企业战略，顾客需求，以及在更大的规划中了解他们自身作用的时候，这种"自下而上"的方法才是最适当的方法。

无论是哪种方式，只有雇员参与到制定目标的过程中的时候才能达到最好的效果。参与度越高，越能增加效果，保证目标能够得到理解，同时还能够培养各个层面的责任感。在"自上而下"

目标设定中，这种参与却未必可行。毕竟，在这种情形下是管理者们自行制定目标并分派任务。不过，管理者们可以通过与员工进行沟通的方式保证员工们能够充分理解任务的目的是什么；为什么这些任务是重要的；这些任务如何契合到组织更大的战略规划中。

在大多数情况下，企业目标的制定过程包括以上两种方式。管理层不会在不征求员工意见的情况下而任意地指派目标，同时员工们也不会任意地决定自己的目标。实际状况是，管理层和员工们经过讨论得出什么是必要的、什么是可行的。在这个协商的过程中，共同确立单位和个人目标。

有效目标的特点

无论你用哪种方法来制定目标，你所制定目标的最重要的一点就是有效。有效目标具备以下特点：

- 所有人都认可其重要性；
- 明确，容易被理解；
- 能够用文字明确地表达出来；
- 结果是可以衡量的并且有一定的完成期限；
- 与企业的战略目标高度一致；
- 充满挑战但并非不可实现；

● 如目标完成，须有适当的奖励支持。

参考下面这个案例：一位销售经理向他所管辖区域的销售员分派任务目标。

对于我们公司来说，在即将到来的财年里增加销售额是非常重要的。近来，我们在培训和生产方面的投入非常大，高级管理层希望我们用更好的销售业绩来弥补这些投资。如果我们做到这些，公司的财务状况会得到很大的改善，而我们在未来的竞争中也会处于一个比较有利的竞争位置。这对每个人来说都意味着更稳定的工作，以及更高的奖金。

公司的目标是在来年使销售额增加 1,500 万美元，公司销售团队的每个人都要为此作出贡献。你们区域的目标是要使销售额从 200 万美元提高到 220 万美元，也就是使销售额增加 10 %。我会给出书面文字来明确这个任务。

尽管你们的工作已经完成得非常出色，但是，要完成销售额在此基础上再增加 10 %的销售目标并不是一件非常容易的事情。不过，我认为在你们的区域内仍然存在着不少的机会。我相信你们能够完成这个目标，我会尽我所能来支持你们。

请注意这位经理在布置任务时提及有效目标的每一个特点的

方式。

必须避免的两个错误

很多组织，在制定目标的时候，容易犯下面所举的两个错误。

1. 他们忽视了制定一个工作成果衡量标准。工作成果衡量标准为目标完成的进度，或者是目标的进展情况提供了客观依据。每台机器的产量，每千个产品的瑕疵率，新产品的上市时机都是工作成果衡量标准。无论你采取什么样的衡量标准，一定记住：这些衡量标准是与你所寻求的目标紧密联系在一起的。

2. 他们没有把目标和奖励有机地结合起来。很多公司改变了他们的目标，但是并没有相应地调整奖励。即使他们试着这么做了，往往也会因为处理不当而使奖励失当。如果奖励失当，则会误导员工把精力投入到错误的事情上。

制定单位目标

某个工作日，你可能正在思考你的单位怎么样才能更平稳地运转；它应当承担哪些新责任；员工们怎么样才能更富有团队精神;如何才能降低运营成本,以上这些思考都包含着目标。而你所面临的挑战就是如何把它们分门别类,界定哪些目标是可以实现的;哪些是与组织目标相关的;哪些目标可能创造更多的价值。

因此,每6个月或12个月,你就需要对你单位的各种工作作出评估,然后,尝试着找到能使工作表现有很大改变的良机。但是,你不要忘记"三个臭皮匠,顶个诸葛亮",你需要定期把团队召集在一起进行集体讨论。并在讨论中提出如下问题:

- 为确保成功,我们需要做哪些前期的准备?
- 我们正在为之努力的标准是什么?
- 在什么情况下生产力和生产效率才能够提高10%或者更多?
- 我们的客户期待着从我们这里得到什么?
- 客户的要求是否正在改变?我们将以什么样的方式回应?

在进行集体讨论的时候,不要为条件的限制或是执行担心。此外,不要忘记再次审核现有的目标,因为客户需求的改变,或者是竞争环境的变化,都使得这些现有的目标存在着需要被修改的可能。

很多管理者着手制定目标的时候有着很多担忧。一方面,他们知道所制定的目标提出的应当是组织所面临的最重要的挑战。这必定是最困难的,而且有着很大的风险。因此,在上报计划的时候,他们本能地避免去设定太高的目标。毕竟,过于困难的任务，会引起下属员工的微词与抱怨。任务越艰巨，失败的可能性越大，大家也就越有可能“受罚”。当然，你可以通过制定具有较小挑战性的任务来避免这种状况。但是，这对组织、自己、以及下属员工来说并非是最好的选择。最佳的选择是与你的下属员工进行坦诚的沟通。向他们解释为什么要承担这个充满挑战性的任务和完成这个任务对于组织和个人的重要性。同时，确保每个人都能从中看到完成这个任务后个人所能获得的利益。

确定优先级

一些目标对于未来的成功起着“至关重要”的作用。其他的一些则是“有比无好”。因为资源是有限的，你必须要区分出“至关重要”和“有比无好”这两种目标的不同之处。因此，一旦你有了一个目标清单，那么，你要做的就是缩小它的范围，只选择其中那些最重要的。在开始的时候就定义标准有助于你辨别出“高优先级”目标和“低优先级”目标。例如：

- 哪一个目标对你的组织来说其价值是最重要的？
- 哪一个目标对业绩，或者利润率的影响最大？
- 哪一个是最具挑战性的目标？
- 哪些目标是你的团队最容易解决的——无论是依靠才能还是通过培训？

有些任务肯定有互相重叠的部分。如果这种情况发生，把它们合并成一个单一的，更大的目标。接下来，重新评估你的目标清单，按照你确定的优先级标准，把它们分成A，B，C不同的优先级次序。

A 优先级 高价值 最重要

B 优先级 中价值 一般重要

C 优先级 低价值 最不重要

去掉C里面的目标，接着再看看B里面的目标。这些目标是否值得你花费大量的时间？如果这些目标符合A的条件，那么，就把这些目标归到A里面去。然后，将其他的目标向C降级，现在A里面所拥有的就是最高目标。但是此项的工作并未结束。因为资源总是有限的，你必须再次重新排定优先级。最后一步，再次评估A中目标的优先级，根据目标的重要程度再次排序，最后，形成书面文字。

管理者的个人目标

作为管理者，你同样需要制定个人目标。这些目标包括单位目标，或者单位目标中“非你莫属”的那部分——你无法安排给其他人。反映你对团队目标贡献的正是你的个人目标。在很多情况下，你的目标是由指挥链中比你职位高的人下达的：总经理或者首席执行官。

你的目标中也可能包括一些与你的单位目标并不相关的目标。例如，你可能还兼顾公司范围内医疗保险的更新工作。在这种情况下，你的目标之一就势必要与这项工作联系起来，即使这并不完全和你的单位工作直接相关。

无论你的中心目标是什么，你一定要与你的管理者合作，达成对目标的共识，对目标预期结果的共识，同时，还要保证获得足够的支持和培训，以便成功地完成制定的目标。另外，保证团队中的其他成员明白你的个人目标，如果他们了解你的优先级目标，并且每个人的行动都能适合这些目标，那么，在一起工作的每一个人配合起来都会感到更加流畅。

完成目标所需要的四个步骤

制定一组明确的目标是非常重要的，但这只是刚刚开始。孤立的目标是毫无意义的。只有目标和为实现目标而制定的可行性计划结合起来的时候，目标才具有意义。实现目标，需要以下四个步骤：

1. 用明确的结果将每一个目标拆分细化成具体的任务。
2. 用时间表的形式来制定完成这些任务的计划。
3. 收集必需的资源。
4. 执行你的计划。

步骤1：首先，你必须确定，为完成目标哪些任务是必须要完成的？其中一些任务需要按照先后顺序来完成。例如，你必须要先完成任务A的工作，然后才能开始任务B的工作。因此，你需要把你的任务进行正确排序。另外一种情况是，有些任务可同时进行——你可让团队中的一些人去执行任务A的同时让团队中的另外一些人去执行任务B。如果一个任务的压力过大，那么就把它拆分成几个小任务。

步骤2:制定出完成每一项任务的计划，并且标注每一项任务的开始日期和结束日期。你可能希望使用“甘特图”(Ganntt Chart)或者其他的任务时间表来让大家对任务的日程有一个清晰的了解。甘特图是一种大家都比较熟悉的柱状图。它能够清楚地显示在特定的时间内应该去完成什么工作(参见图:1－2)。图中显示，关键任务排列在左边的竖列，任务的开始时间和结束时间都在右边的横栏中标明。在你制作甘特图的时候，请特别注意不同任务之间的关系。例如，“设计方案修改”一定是要在“客户测试”之后，显而易见，如果没有客户测试的结果，设计方案的修改就无从下手。其他任务，例如“原材料研究”是可以和其他任务一起平行进行的。你应该把计划中最重要的任务作为里程碑，该里程碑有助于大家把长路漫漫的“长途出差旅行”变成多个可以期待的“短途旅程”，给大家更多的信心，使他们相信他们一定能够很好地完成工作。

步骤3:当你做计划表的时候，你要谨记，如果你忽视某一部分重要的工作，或者低估完成那些工作所必需的时间和资源的话，那么你就会失败。所以，一旦你做好完成某项工作的计划，那么请立刻检查你所拥有的资源。你有完成这项工作所需要的财力吗？在这个团队中有接受过良好培训，而且值得信赖的合适人选去完成这项工作吗？

步骤4：一位经验丰富的销售人员曾用这样的方式来描述他的成功秘诀："首先，作好一天的计划，然后实现你的计划。"在这个步骤中实现计划是最困难的。因为，自己的想法和合适的计划都必须要在这个步骤中转变为实际工作。

图 1—2　甘特图示例

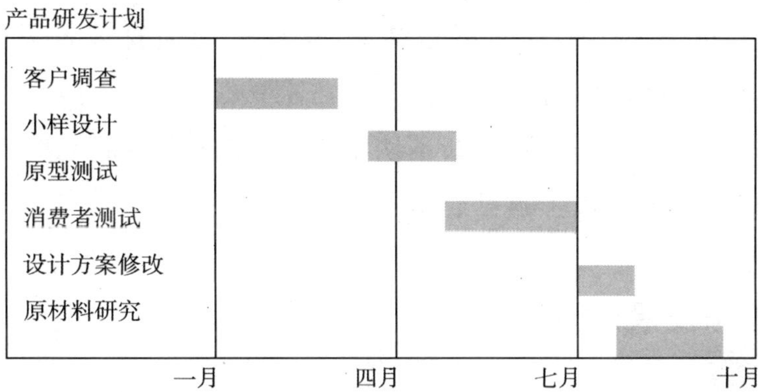

清除阻碍成功的"绊脚石"

在制定一个详尽的计划时，分析哪里会产生比较大的障碍，并考虑如何去克服障碍是很重要的一点。虽然很多障碍是无法预知的，但是你依然可以在这些障碍彻底打乱你走向成功的步伐之前预防它们的发生。因此，在你开始行动之前，要认真分析哪些地方会冒出"绊脚石"，并考虑清除它们的方法。以下两种方法也许有效可行：假如你的团队完成一个任务有困难，那么，把这个任务拆分成更小一些的，相对来说更容易处理的任务。如果，团队成员显示出失去进取心的迹象，那么，提醒他们完成任务之后他们会得到相应的奖励。

最后，千万别让你自己成为走向成功的"绊脚石"，根据罗伯特·沙费尔(Robert Schaffer)的研究，当一些管理者出现以下情况的时候，他们就会为单位目标制造障碍：[2]

- 固步自封，令整个团队感觉大家已经做得足够好了；
- 过分关注过程而不是结果，这样只能使管理者只是期待好的结果，而不考虑员工的需求。
- 目标野心勃勃，但却不切实际，实现起来遥遥无期。

因此，不要犯以上这些错误。

通晓事态发展动向

你要永远知道自己距离目标的实现还有多远。销售工作的进展是提前了还是落后了？网站的工作是在按计划有条不紊地进行，还是由于技术问题而停滞不前？进程监控有助于你在计划尚未离开正确路线太远之前进行纠正。以下是进程监控的几个建议：

不要混淆过程和结果

在“《哈佛商业评论》”中，罗伯特·沙费尔和哈维·汤姆森(Harvey Thomson)曾警告管理人员，不要混淆工作的过程和结果。他们表示，大多数公司所作的改善和努力所产生的效果都只能产生可以忽略不计的影响，这是因为这些改善和努力与公司的目标基本上没有联系，而且耗用时间很长，甚至是遥遥无期。此外，他们将工作的衡量标准和实际工作成果的提高等同起来。以行为活动为中心的计划会使目标与方式相混淆，过程与结果相混淆。例如，公司曾依据竞争能力，客户期待评估和培训员工解决问题来作为评定工作成绩的标准，以为这就会使产品质量，销售和赢利自动增长。

相反，注重结果的方法能够避开过长的准备期。它关注细节，即能够在短期的团队中实现的能够使成绩提高的适当的目标。随着衡量标准的改变，管理者不仅能更快地看到结果，还能更快地确定哪些有效哪些无效。

资料来源：Robert H. Schaffer and Harvey A. Thomson, “Successful Change Programs Begin with Results,” *Harvard Business Review*, January-February 1992。

- 定期为你的员工更新信息；让他们知道，他们距离每一个目标还有多远？
- 如果计划受阻，让你的员工面对问题，并进行集体讨论，然后找出解决方案。最后，在迫不得已的情况再去改变原来的计划完成日期。
- 检查计划进程，当重要的事情完成的时候，庆祝一下。

定 期 评 估

当你朝目标进发时，一定要记得定期回顾和评估。目标是否还符合现实？是否还在按照既定的时间表执行？目标是否依然重要？在朝既定目标前进的过程中，如果你要变换或者更改目标，你必须要谨慎从事。因为，这么做往往会引起混乱。因此，即使是遇到了障碍，也不要轻易地改变进程。

但是，如果组织机构，或是外部环境发生变化的时候，一味地坚持原来的目标也是毫无意义的。这时候重新分配你的资源，是必要且适合的。正如约翰·梅纳德·凯恩斯（John Maynard Keynes）对曾经批评过他的一位评论家说的那样，"如果实际情况发生了变化，那么，我也会随之改变的。阁下，您又是做什么的？"假如你真的需要改变一个目标，那么，作为管理者，你一定要能够证明这个目标是正确的。此外，在实施前你一定要争得你的团队、你的上级管理部门，以及所有相关小组的支持。

事 后 评 估

一旦你完成了一个目标，那么就要对你的团队所取得的成功表示祝贺，并且当众表扬作出贡献的人。庆祝和表扬有助于为你的团队注入新的能量，并为即将到来的新任务作好心理准备。但是，完成一个目标并不意味着工作的结束。你和你的团队应当利用这段间歇来进行任务完成后的分析和评估工作。向你自己和你的团队提出如下问题，并记录下答案：

- 哪些是可行的，而哪些又是行不通的？
- 完成目标所带来的回报是否达到了我们的期望值？
- 如果我们必须从头再来一次的话，我们会采取哪种不同的做法？
- 在完成任务的过程中，团队是否获得了充足的资源和权限？
- 从这次任务的完成中可以总结出什么样的能够应用在未来任务中，使未来的任务得以更快，更好，或者是以更低的成本来完成的经验？

事后评估所总结出来的经验是非常宝贵的。在你的团队内部组织讨论并吸收这些经验。然后，在你制定新的目标的时候用上这些经验。在朝目标前进的过程中，也要考虑到这些经验。如果，刚刚完成的任务太过容易，那么，就制定一个更富于挑战性的新目标。如果以往的目标太过繁重，那么，就制定一个相对比较容易完成的目标。如果，你在努力完成一个目标的时候注意到了能力上的不足，那么，你在下一个目标的完成过程中就要学会并掌握这些技能，以此来弥补你能力上的不足。如果，一个目标是不切实际的，那么，一定要保证新目标能够更好地反映出组织的实际情况和时间上的限制要求。

小　结

- 目标的制定需要高度契合企业的战略目标。
- 有些组织采用“自上而下”法制定目标，还有一些组织采用“自下而上”法制定目标。但是，大多数组织是两种方法并用。
- 有效目标必须是其重要性得到认可的，明确的，适当的，与企业的战略目标一致的，充满挑战性的，但并非不可完成的；如果完成目标，还应当有一定的奖励。
- 优先级。使人员和其他资源都集中到最有价值的目标上。
- 实现目标的四个步骤：(1)把目标拆分成小块任务；(2)制定执行计划；(3)集中你所需要的资源；(4)执行计划。
- 以结果为导向。
- 一旦你完成了一个目标，首先，庆祝一下；然后，再从中总结经验。

2 聘用最优秀的员工

2 聘用最优秀的员工

——人力资源的作用

本章重点话题

- 定义职位要求
- 招募最有前途的应聘者
- 面试
- 评估应聘者
- 确定待遇，决定聘用

几乎没有什么管理上的决策能和聘用一样重要。当今世界，人力资源的优劣差别一直等同于竞争对手之间的优劣差别，你所组建的团队的人才质量和能力决定团队是否能够取得成功——也直接决定着你作为管理者是否能够取得成功。

你所管理的单位的特点和效率都是由你所聘用的人员决定的。如果你聘用了一群三流人才，那么，你就将成为这个三流组织的“掌门人”。即使你对他们进行指导，并且花大价钱去培训他们，你也不太可能改变整个团队的整体水平了。只有聘用一流、二流的高素质人才，你才能打造出一个非常强大的团队。

和组织所采取的其他行为一样，招聘是一种商业行为——把投入转化为产出的一组过程。这一过程包括发布职位要求，处理各种各样的求职申请，然后，在决策者深思熟虑之后产生最终的结果：工资单上的一批新人。本章中阐述了聘用员工的五个步骤，正确实施这些步骤，不仅能提升你的聘雇水平，也会使你对自己的知人善任更具信心。[1]

定义职位要求

在你雇用到合适的员工之前，你最应该知道你需要雇用什么样的员工？同时，你还要知道，拥有哪些技能和人格特质的员工最适合组织和职位的要求。为了准确地定义职位要求，你需要了解以下几个要点。

- 这个职位的主要责任和任务是什么？
- 能够胜任这个职位的员工需要拥有什么样的背景？（教育背景和工作经验）
- 对人格特质的要求？（例如，是否拥有较强的沟通能力，或者是较高的才智？）
- 你的组织机构的主要文化特点是什么？（例如，团队的定位，和谐程度以及奖励机制）

- 你个人的管理风格是什么？（例如，权威型，强制型，或者民主型）以及这种风格怎样影响有效的共事关系。

主要的责任和任务

如果，你打算为既有的一个职位进行重新招聘，那么，考虑这个职位当前的职责所在是你应该马上去做的事情，如果，依然有员工在这个职位上工作，那么，再评价一下他在这个职位上的表现。但是，不要把先前任何一种观点当作是不可更改的。利用这次重新招聘的机会，重新确定一下该职位的主要职责和任务。确定你能够回答这个问题：“在这个职位上，员工必须要做的是哪些工作？”

教育背景和工作经验

在对应聘者进行评估的时候，教育背景和工作经验是最重要的两个因素。在教育背景方面，你要明确地知道你需要雇用什么学历，或者是什么水平的员工。同时，不妨再问一问自己，是否确有必要具备特定的教育背景？你是否能够更灵活地处理这一问题呢？或者，换言之，如果没有合适的相关教育背景，那么，拥有在该领域的相关工作经验是否可以呢？

对于应聘人的经验要求则要基于对这个职位的任务和职责的全面分析。那么,哪些方面最值得引起注意呢:

- 行业经验?
- 职务上的经验?
- 在大、小公司任职的经验?

行业经验和职务经验对于“外向型”职位来说是尤为重要的,这样的职位要求必须具备丰富的产品知识,并且能够及时地掌握竞争对手的动态。但是,如果一位优秀的应聘者没有上述经验,那么,可以考虑一下他(她)是否可以通过学习来掌握上述经验,他(她)的这个学习过程会持续多久?各种不同的测试,例如,数字数据测试,空间敏感度测试和操作能力测试等等一些测试,可以判定一个人在不同领域里的头脑敏捷度。另外,还需确定组织机构是否为在职培训提供了足够的时间。

人格特质

人格特质将显示出应聘者完成工作的方式和他(她)与同事相处的方式(参见“建立人格特质共识”)。对下面这些你为了开展工作而列举出来的与任务和责任相关的人格特质作出评价:

- **分析能力和创造能力。** 应聘人员在这两方面的能力，决定了他（她）如何对问题进行评估，然后找出解决问题的新方法。
- **决策风格。** 决策风格因人而异。一些人的决策风格非常理性，基于分析，基于事实；而另外一些人则是依靠直觉来决策的。有些人决策果断，而有些人需要经过很长时间的反复考虑。有些人希望取得共识，而有些人则喜欢保留个人意见。因此，最重要的一点是你要清楚地知道在这个职位上取得成功是否需要特定的决策风格，如果需要，应该是什么风格？
- **人际沟通能力。** 鉴于人际沟通能力和行为是密切相关的，因此，了解一位应聘人员的人际沟通能力对于聘用决策来说是至关重要的。对于一个既定职位来说，为了确定哪种人际沟通能力是最适合的，只需要想想在这个职位上需要做什么就可以了。哪些人格特质会转化成良好的工作成果呢？对理想的管理者来说最理想的人格特质是耐心，行事细致严谨，注重细节。而对于销售经理来说，应该是外向，充满竞争力，同时，不要太过于正式拘谨为好。

在个人特质上达成共识

很多聘用决策在一开始就是个错误。因为公司尚未清楚究竟要雇用一位什么样的员工。例如，不同的人对于即将受聘的新员工的看法是不同的(换言之，对于一个人的录用，几个人都有建议权)，因此，什么样的应聘者是最适合这个职位的人，不同的人会给出不同的答案。

假设，一家公司需要聘用一位员工来填补产品设计职位的空缺，但是，公司内部尚未对这个人应该具备的条件达成共识。设计总监想录用一名从竞争对手那里跳槽过来的，拥有丰富设计经验的员工。而财务总监则倾向于聘用一名对薪酬待遇要求不高的应届大学毕业生。营销总监则迫切要求雇用一名对公司刚刚上马的生产线生产的产品有着丰富营销经验的人员；同时，这位即将受聘的新员工的直接领导却在寻找一名拥有良好“人际交往技巧”的人员。

在这种情况下，应该对申请这个职位的人深表同情。为了避免这种情况的发生，应当试着采用以下的方式：

- 要求每一位即将对应聘者进行面试的面试官准确地写出他们心目中理想的受聘人员应当必备的特质。
- 召开会议并公开讨论多个期望列表的不同之处。
- 共同决定哪些是优先级最高的条件。
- 制定一个新的，达成共识后的“理想受聘人员必备特质”列表。
- 严格按照这个列表来评估应聘人员。

- **进取心。**一名应聘人员的个人目标，兴趣爱好，精力是否充沛，以及职位的升迁，往往代表了他(她)的工作进取心是否强烈。因此，问问自己，此项工作和应聘人的个人意愿是否相符？他（她）做这份工作会投入最大的精力和热情吗？

- **态度和兴趣。**在很多情况下，与受过更多的教育，拥有更多的技能和相关的工作经验相比，积极的工作态度和工作兴趣要显得更重要一些。西南航空公司的成功就是个最好的例子。他们的成功归功于独特的用人标准——"员工的态度和兴趣高于一切"。西南航空公司只雇用那些有幽默感，有团队协作意识，立志于给顾客带来欢乐的员工。西南航空公司的创始人兼前任首席执行官赫伯·凯勒尔（Herb Kelleher）曾经说过这样的话："如果你没有好的工作态度，我们绝对不会聘用你，无论你的技能有多出众。技能上的不足，我们可以通过培训来提高。但是，一个人的态度我们是无法改变的。"[2]

职位描述

一旦你了解了这个职位的要求，那么你下一步将要做的就是进行职位描述。职位描述是对这个职位的工作内容，基本职责，呈报关系，时间要求和所需的必要证书的简介。而职位描述既应向应聘人员解释，又要向那些你可能用到的不同的招聘人员解释。通常说来，你的公司应该有一个作为模板使用的职位描述的固定格式和标准。

清晰的文字叙述，以结果为导向的岗位职责描述，能够在一开始就形成良好的员工关系，能够帮助所有人了解公司的任务，文化，需求以及目标。如果必要，可据此中止合同。职位描述应当包括以下几点：

- 职位名称，所属部门以及企业名称
- 工作职责，任务
- 招聘部门的经理和直属经理
- 工作任务，职责以及目标概要
- 福利待遇，工作时间以及工作地点
- 背景要求
- 人格特质要求

这些项目中的大部分必须要征得人力资源部门的认可。

制定职位描述也是职位再设计的一个机会，而不是重复以前的要求，填补空缺。例如，该职位的上一任人选在战略方面的能力很强，但是你现在需要的是一位动手能力更好的管理者，因此，你需要重新制定一个职位描述。制定职位描述，需要遵循以下几点：

- 将知识，技能和能力区别分类。有些职位需要更高的学历。有些职位需要特殊的技能，例如，知晓如何用 JAVA 语言编程。还有一些职位需要身体上的一些技能，例如，用手势和眼神进行交流；或者是需要智力能力，例如，和数字打交道的能力。然后，确定出你在不同的领域所需要的技能。

- 花费时间在雇用正确的员工上是值得的。你需要新的员工在下个星期开始工作，但是，花点时间找到一个正确的人选，比雇用错误的人，然后再去解雇要划算得多。
- 要完全符合法律法规的要求。就美国来说，职位描述需要清楚地说明工作要求，而且在雇用员工的时候不能违反公平的原则，不能排斥少数族裔，女性，残障人士以及其他“受保障阶层”。（美国读者可以参见附录B中的“招聘过程中的法律‘雷区’”）

招聘有前途的应聘者

与合乎条件的应聘人员获得接触对于取得招聘成功是至关重要的（参见“找到合适人选的几点建议”）。你可以通过尽可能多的途径来做到这一点。请注意：“符合资格”这个词是非常关键的。与其大海捞针般去寻找，不如锁定符合目标要求的群体。利用准确锁定和高关联度的渠道来发布招聘信息能使招聘成功的几率大大提高。

典型的信息发布渠道包括人才中介机构，报纸广告，同事推荐，出版刊物，行业协会，联谊会以及互联网等。另外，你还可以通过以下方式来扩大你的人才选取渠道：与大中专学校以及社区组织建立实习和合作的关系。

从现有的员工中推荐人选也是一种很好的方法，很多公司鼓励这种做法，如果被推荐人最终被录用，那么，推荐人则可获得公司的奖励。总的来说，与其他方法相比，这种方法的成本比较低，而且通常能够达到比预期效果更好的聘用效果，因为，没有任何一个员工会推荐不符合条件，或者不合适的人选。

找到合适人选的几点建议

- 考虑现有的员工。
- 留意组织外部，为你的组织带来新的观点，技能和经验。
- 了解什么样的人选才是你正在寻找的最合适人选。
- 牢记，个人过去的工作表现是未来工作表现最毋庸置疑的直接说明。
- 牢记，适当的教育背景＋适当的工作经验＋适当的个人特质＝最合适的人选。
- 当心“像我一样”这个陷阱。这个陷阱可能使管理者更乐于看好那些教育背景相似，年龄，性别，种族相同，甚至是有着相同的消遣方式的应聘人员。为了避免这个陷阱，请将目光集中在职位要求和应聘人员的资格上。

筛选简历

大量的职位申请者使得你在挑选合适的职位人选时有很大的选择空间。不过简历越多，意味着你要做的挑选工作越多。当然，详审工作要从筛选简历开始。

你最先看到的是应聘人员的求职信和简历。只有这些符合了你的要求，才能够进一步吸引你的注意力。当你有太多的简历需要查看的时候,你可以使用“二步处理法”来化繁为简。第一步,淘汰那些连这个职位的基本要求都不符合的简历;第二步,寻找如下简历:

- 良好的工作业绩和工作成果,例如,良好的赢利业绩,职业稳定性,或者是职业生涯逐步前进的势头。
- 和所招聘职位契合的职业发展目标(此处要特别注意,因为,应聘人员通常都会刻意把自己的职业目标描述得和应聘职位相符)。
- 整体结构合理,外观整洁。

在这一步中,同样应当要注意的还有优秀应聘者之间的微小差异——例如,工作年限和工作才能;技术背景和管理背景;他们曾经所在的公司水平如何等等。然后,整理出一个最优秀应聘人员的列表。

在查看简历的时候,找出应聘人员的一些弱点,并用红色标记标注下来。例如:

- 用过长的篇幅来描述受教育情况(也许代表没有太多的工作经验);
- 两份工作之间的“空白”时间段(在这段“空白”时间,应聘人员在做什么);
- 在某个阶段有过短期的工作经历,特别是对于那些已经有过几年工作经验的人来说;
- 没有任何逻辑连续性的工作转换;
- 过多的个人信息陈述(也许代表没有太多的工作经验);

- 只是对工作和职位进行描述，但是没有对工作成果和工作业绩进行陈述。

面　　试

招聘面试目的只有一个：为面试官和应聘者提供获知彼此信息的机会，以便能够作出最好的决定。因为，对于任何一名应聘者来说，面试的时间是有限的，因此，组织有序的方法会有助于你更好地利用这段有限的时间。

在为重要职位确定人选的时候，通常你至少要选择以下的两种方法。在某些情况下，你可能要用到以下的全部三种方法。

1. 电话筛选面试。这项工作由你本人，或者招聘机构，或者你公司的人力资源部门来完成。电话筛选面试的目的是为了确认应聘人员具有符合该职位要求的基本资格条件。电话筛选面试可以在最短的时间内完成这项工作。电话筛选面试是获得对应聘人员的一些初步印象的好机会：例如，她是否在约定好的时间回电话？她是否有很好的沟通能力？

2. 第一次亲自面试。在开始第一次亲自面试之前，把适合的应聘人员的范围缩小至 4 到 7 位。这个面试通常需要 30 分钟到 60 分钟。如果是不太重要的职位，这个面试会让你了解到你想了解的一切。当然，还有另外的一些情况，你需要对应聘人员进行再次面试。

3. 第二次面试。要谨慎挑选有资格进行第二次面试的人选。因为这时，应聘人员的直接主管，他未来的同事，以及其他的经理的眼睛都在“盯着”。这一轮面试有助于发现那个真正符合要求的“真命天子”。

“结构化面试”和“非结构化面试”

在“结构化面试”中，你向所有的应聘人员提出的都是相同的问题，因此，你可以客观地对他们的回答进行比较。结构化面试较为公正和客观，但是这种方式往往不能从应聘人员那里获得太多的信息。相反，非结构化面试是对应聘人员提出一些个性化的问题，而不是对所有的应聘者都提出千篇一律的问题，面试的问题是随着面试过程中的主线而随机展开的。这样做的好处是你可以更多地了解应聘人员。但缺点是你无法横向比较应聘人员的不同反应。这样，在你要作决定的时候，可能会失去你作决定所需要的某些关键信息。

最好的方式是采取中庸之道，把这两种方法折中——既要保证每位应聘人员都要回答关键问题，又要在交谈中保持一定的灵活度。在准备这些关键问题的时候，你要保证你和决策团队所提出的问题覆盖了所有要点，而且所有的应聘人员全部对这些问题做出了回答。而“非结构化面试”中所提出的问题使面试本身具备了更多的创造性和机动性，这也可能使得你和你的同事们得到意外的收获。

做好充分准备

你会在毫无准备的情况下去和供应商讨论价值 50 万美元至 100 万美元的客户软件包项目吗？当然不会。通常，你会仔细考虑你对这个软件的期望值和你所需要的软件的功能。你可能还会为此列出一个需要讨论的关键问题列表。同样，你作出什么样的聘任决定就意味着你可能付出什么样的代价。因此，你需要提前认真准备面试工作，而不是到时的“即兴表演”。

为了作出一个正确的聘任决定，你必须要收集一些相关的信息，并且花时间去准备。准备工作包括：重新查看职位描述，然后整理出关键问题列表，其中包括：责任和工作任务，必需的培训以及工作经验和适合该职位的人格特质。对于你想要了解的与应聘人员有关的每一个领域，你都要事先准备几个问题。（注意：在附录 A 中，你可以找到现成的“面试准备表”，这个表格可以轻松地使你的问题系统化。同时，你还可以访问“哈佛商务指南”网站 www.elearning.hbsp.org/businesstools 下载并打印表格。）

面试工作包含三个阶段：开场；主体；结尾。下面让我们详细地逐一阐述每一个阶段。

开 场

通常，这个阶段需要占用 10% 的时间。你在这一阶段的主要目的是让应聘人员充分放松，以便使他（她）能够畅所欲言。为营造这种舒适的感觉，你一定要做到准时，友好。你一定要先介绍自己，并告诉应聘人员关于你自己的一些事情。然后，从以下这些问题开始说明面试的情况：

“我会询问你的工作经验。”

“我非常有兴趣在个人层面对你有所了解。”

“我非常想了解你的个人能力、兴趣是否符合我们的组织需要。”

“我会告诉你一些有关我们组织的信息。”

“我很乐意回答你在面试结束以后提出的问题。”

利用面试的这个阶段与应聘人员建立起和谐友好的关系。因为，不得不承认，作为应聘人员的滋味是不好受的，例如，被很多陌生人询问，或者在面试结束的时候会感到非常疲惫。所以，一点幽默便能够化解此时的紧张气氛。从简历中发现的信息可以使你对应聘人员的某段经历表示赞许；或者谈论一下你们之间的共同之处，例如，曾经共同生活在一个城市，彼此都熟悉的人，或者是共同的兴趣爱好。

主 体

这个阶段将占用 80 %的时间。利用这段时间来搜集有助于评估应聘人员的信息，同时向应聘人员“推销”你的组织。在面试主体阶段进行期间，你需要了解应聘人员的资格，技能，知识，经验，然后，与职位描述进行比较。然后，继续根据简历直接询问。

找出与你的理想条件相符的行为模式和相似之处。在面试后，应向应聘人员索要工作成果实例和用于评估应聘人员的相关资料。如果，不存在保密以及知识产权方面的问题，实例可以包括销售手册，产品，客户调查，或者是应聘人员曾经设计的培训课程。这些实例可以在很多方面证明应聘人员的能力。

很多情况下，一位应聘者很难在其简历上详细而又具体地阐述他的业绩。但是，别因为困难就放弃了你需要的资料。你可以直接询问详情，弄清取得成功的确切方法。表 2—1 提供了一些典型的简历陈述样本和为了获得更多详情你可能用到的应对答复。

在这一阶段中，你还能够评估应聘人员的人格特质，例如，领导能力，解决困难的能力，交流能力，团队协作能力，进取心等。利用基于特定情节的问题来判定应聘人员控制局面的能力，譬如：

表 2—1　应对典型简历陈述的答复

简历陈述	可能的答复
我成功地管理开发了一条消费厨房用具生产线。	成功的标准是什么？是销售额、投入市场的时机、还是其他的衡量标准？在此过程中，你所扮演的具体角色是什么？
在过去 12 个月中，我在营销工作中卓有成效，使得销售额增长了 25 %。	你的贡献具体体现在哪儿？你自己负责部分的销量获得上升，是因为销售工作更有效，还是因为降价？
我发起并指导了一个关键部门的流程改造。	具体是什么流程？你说“发起”，具体是什么意思？为什么这种进取心是重要的？

- **针对应聘"流程改进经理"的应聘人员:**"假设你主管的贷款承办部门作出决定,并告之客户所用的时间比竞争对手多了两天,你会如何处理这种状况?"
- **针对应聘"销售经理"的应聘人员:**"假设在你所管辖的销售区域内有一名销售人员很受顾客以及公司职员的欢迎,具备巨大的潜力。但是,在她任职两年来一直没有能够做好自己的本职工作。请问,在这种情况下,你会如何处理?"

回答这些基于特定情景提出的问题有助于你了解应聘人员解决这些问题的方法。

另外,你还可以向应聘人员提出这样的问题:现在,你是我的员工,但是在过去你们如何处理遇到的类似问题?"当你不得不(解雇一名员工/面对一位刚刚从他手里丢掉生意的重要客户/领导一个工作流程改进小组)的时候,告诉我你们会怎么做?"注意,有些人对有可能遇到的一些基于特定情景提出的问题事先有所准备。

保持对面试的控制是非常重要的。保持控制的关键是:多问,多听。你应该做到 80 %的时间在听,因为,当你讲话的时候,你学不到任何东西。

牢记,在面试的时候要记笔记。笔记能够帮助你回忆起应聘人员的很多重要特点。但是对此要谨慎一些,你应当提前告诉应聘人员,在面试的过程中你要记笔记。牢记,你的面试笔记会成为录用人员档案的一部分。你要避免在笔记中写下任何可能成为引证的与“公平就业法”相矛盾的东西。

提出更多问题

问题有好的，也有毫无目的的，当然，还有非常糟糕的。好问题有目的性，依据你的决策标准而提出，能鼓励沟通，与工作有关，而且不会咄咄逼人。好问题反映了你的优点，还能够显示出你对应聘者的关心和你为面试所作的准备。好问题包括：

- 自我评价问题能够促使应聘者考量他（她）自身的人际沟通技巧和能力。这些问题能够使应聘者（而不是你自己）吐露真言。（例如，“为什么你认为会选择你来领导这个工作小组？”）
- 成就问题能够迫使应聘者证明自己确实有才能。这些问题有助于你了解应聘者为什么，以及如何取得成功，这些问题还能揭示应聘者参与某事的程度。（例如，“告诉我，你曾对那个工作小组作出什么贡献？”）
- 漫无边际的问题使得应聘者必须思索一个大的主题，选择答案，然后整理出他（她）的想法。（例如，“告诉我你在纤维光学组当项目经理的经验？”）
- 比较性问题能够展示应聘者的分析和思考能力。（例如，“你认为在纤维光学项目组工作和在聚合物项目组工作的差别在哪里？”）

糟糕问题包括：

- 对答案有诱导性的提问能够直接导致应聘者回答出你想要的答案。)(例如,“你有承担这项工作所必需的进取心吗?”“你想,哪个人会笨到说‘没有’的程度?”)
- 不相关的问题则浪费大家的时间。(例如,“我知道你是明尼苏达大学的毕业生,我的女儿可能也要申请这所大学。这个学校最好的专业是什么?”)

应避免的问题

美国的法律和条例中明确地规定了哪些问题是非法的。如果你对这些法律和条例不是非常熟悉,那么,你可以请教你的人力资源专家,或法律顾问。在美国以下问题是被禁止提出的:

你多大年纪?

你结婚了吗?

你拥有哪种公民身份?

你的性取向是什么?

你的体重是多少?

你是伤残人士吗?

你什么时候高中毕业的?

你有孩子吗?

你来自哪个国家?

你在哪儿出生?

你是否曾被逮捕过?

你的宗教信仰是否妨碍你在周末工作？

想得到更完整的合法和非法面试问题的相关讨论请参见附录B中的“招聘过程中的法律‘雷区’”。

结 尾

把10%的面试时间用来结尾，在做结尾的时候，你可以：

- 感谢应聘者前来面试；
- 向应聘者说明将用什么方式、在何时通知应聘者再来面试或另有其他决定；
- 询问应聘者还有什么顾虑和问题，特别是可能影响对方决定是否参加下一阶段面试过程的问题（如果面试时限已到，可向对方说明，如有进一步的问题，可以在稍后给你打电话）；
- 询问应聘者是否还有疏漏或是不清楚的事情；
- “推销”你的组织，别忘记强调你的组织对应聘者来说最具吸引力的特色；
- 握手，眼睛注视对方；
- 陪应聘者走到门口或者下一个目的地。

一些应聘者可能会在这个时候询问薪水和福利的问题。这类问题通常是由组织的人力资源部门处理，也有的组织可能会请应聘者自己说出所期望的待遇。

在应聘者离开之后，你应趁记忆犹新之时，立刻补充笔记或观察所得。

评估应聘者

一旦你完成了对所有应聘者的面试工作,你和其他有聘任决定权的人必须对每一位应聘者作出客观的评估。在附录A中的"决策矩阵表"工具有助于对应聘者进行评比。(注意:你可以从"哈佛商务指南"网站 www.elearning.hbsp.org/businesstools 上下载,打印"决策矩阵图表"和其他互动工具。)在你面试完应聘某个特定职位的应聘者后应该马上填写完成这份表格,在关键项目上填写每一位应聘者的得分。对应总的得分和对面试笔记的参考,你就可以减少评估不够客观的几率。

常见的评估错误

尽管,你可以采取结构化,系统化的方法来评估应聘者,但是,最终的评估过程仍不免失之主观。但是,如果你能避免以下几项错误,那么,你就能够减少一些主观成分:

- 过度看重应聘者的成熟度和经验,或者过分贬低年轻稚嫩
- 错把安静和矜持,或沉稳的个性看成是缺乏进取心
- 错把应聘者善于玩"面试游戏",或是他(她)的口齿伶俐

看成聪明干练

- 让自己的偏见影响评估（例如，你可能因为她使你想起了某个令你讨厌的人而对她的评价非常苛刻）
- 想从应聘者中寻找到朋友或者是你自己的“影子”
- 认为某些大学的毕业生，或者是某些组织的员工必然更加符合资格
- 太过重视对业界的行话的娴熟程度
- 只专注在一项，或两项长处上，而没有注意到其他方面的欠缺
- 未评估勇往直前的进取心

推荐信核查

推荐信核查有助于核实应聘者在面试过程中所说的话，并补足资料。同时，推荐信核查工作还能够让你了解外界对于应聘者的一些看法和他（她）是否能够胜任这个职位。推荐信核查在招聘过程接近尾声并即将作出决定的时候进行。但是，首先你必须要从应聘者那里得到许可，以免影响到应聘者目前的工作——例如，申请这个职位的应聘者的公司也许还蒙在鼓里，还不知道他（她）正在接受面试，并准备“跳槽”。

推荐信核查的目的有两个。其一，是核实应聘者告诉你的有关他（她）的工作经历：在哪里工作，工作多长时间，最后的职位和取得的成就。其二，是了解应聘者过去的成功和失败，工作习惯，

优缺点等等。

推荐信核查工作非常重要，因为，它有助于组织了解这个职位的应聘者是否真实地告知了他的职位，工作经历和成就。推荐信上的评语，也可以使公司从另一个角度了解应聘者。可惜的是，许多公司(尤其是在美国)都不愿意过多地谈论现任的或以已经离职的员工，因为，如果这位员工因为他们所说的一些话而导致求职失败，那么，公司很可能面临损害名誉和诽谤的控告。因此，想从推荐人那里得到坦诚的评语可能是件相当困难的事情。

这里有一些核查推荐信的小窍门：

- 打电话来向推荐人进行核查。有人担心自己说了不利于应聘者的话，会被控告，但是，如果通过电话而不是“白纸黑字”来核查，那么，对方就会比较愿意说真话。不要通过写信的方式核查，那样，你得到的信息可能十分有限。
- 花一点时间来与推荐人建立起友善的关系；推荐人就会比较乐于与你分享一些信息。
- 简要地描述应聘者所申请的职位，然后，询问推荐人，应聘者是否能够胜任这个职位。
- 询问应聘者的风格，人品，和优缺点。
- 询问一些苛刻的问题，并将这些问题的详细信息查明。
- 避免询问一些模棱两可的问题，例如：“杰克(Jack)是否管理好了他的部门?”相反，问一些具体的问题，例如：“杰克最擅长什么?”“他的下属最喜欢他什么?”“最不喜欢他什么?”“对杰克来说，有什么不适合他的工作吗?”“什么样的组织环境是最适合杰克的?”

- 由一位推荐人牵引出另外一位推荐人。如果一位推荐人给你提供了一些信息,那么,不妨问他:“你知道还有谁能告诉我杰克在这个领域内的相关经历吗?”你询问的人越多,你就越能清楚地了解情况。

许多人觉得推荐信核查工作枯燥无味,而并没有给予足够的重视。但皮埃尔·莫奈尔(Pierre Mornel)则认为,“推荐信核查工作津津有味”。但是,推荐信核查工作的代价很高,你必须锲而不舍地挖掘信息——尽管有些人不愿合作。莫奈尔在他的著作《聪明求才》(*Hiring Smart!*)中,提供了这个能迅速而又合法地进行推荐信核查的方法:

> 趁推荐人吃午餐的时候打电话过去——你的目的只是为了联系上助理或电话留言。若是电话留言,尽量简短。如果是助理接电话,务必让他(她)听清楚最后一句话。你可以这样说:“约翰(John)[或简(Jane)]到我公司来应聘(某个职位),而你是推荐人。请回电告诉我,这个人是不是很出色。”[3]

莫奈尔说,这类电话的效果既快又明显。“如果应聘者非常优秀,我敢保证在十个推荐人当中,有八个会迅速回电话,并希望助他一臂之力。”相反,如果回电话的推荐人寥寥无几,甚至一个也没有,那么,他们的沉默也就使得他们对应聘者的看法昭然若揭了。

确定待遇，决定聘用

简历，面试和推荐信核查，都是决策过程的一部分。你应当时常自问："我们的信息足够用来作正确的决定了吗？"如果回答"是"，那么，就作出聘用决定。找出名列前茅的三位应聘者，然后问自己："我们真的需要这人来工作吗？"记住，聘用的目标不是从现有的应聘者当中选择一个"最合格"的人选，而是聘用一个能协助组织达成目标的人。

假如你的两个答案都是肯定的，那么就聘用最能干、最有可能协助组织达成目标的人。如果，信息不够，无法作出正确决定，那么，就先弄清楚你和你的同事还需要哪些信息，怎么取得这些信息，和需要减少的不确定因素。为了减少重要的不确定因素，你可能需要把应聘者找回来再进行一次面试，或者，你可能在推荐信核查方面需要多费一番功夫。

聘 用

确定你清楚组织的聘用新人政策。有些组织由顶头上司或经理出面聘用，还有些组织由人力资源部门来负责聘用工作。

聘用通常是亲自或用电话告知被录用的应聘者。在口头通知对方后，你还应该寄出确认函。不论哪一种方式，都必须热忱亲切，最好能提到面试时的一些积极事例。即使你作出了聘用决定，你还得继续搜集信息，例如，对方关心的事情，作决定的时机、以及他（她）是否正在考虑别的组织。

聘 书

聘书也是一种公文，因此在投寄之前，必须请教适当的人士或机构。不要以为这只是一纸聘用合同。聘书上应该包括以下重要事项，例如：

- 生效日期
- 头衔
- 应负的责任
- 薪资
- 福利概要
- 答复期限

不要忘记过程改进

本章已经阐述了聘用是一个步骤分明的过程。从这个意义上来说，招聘就像其他的商业流程一样：收账、履行订单、制造、客户服务等。

像其他各种过程一样，聘用应该成为持续改进的重点。每一次重要的聘用经验，都可供参与者事后借鉴，用来评估每个步骤的效果、找出缺点及其根源，并确定改进的时机。所有涉及聘用的人都应该扪心自问下列问题：

- 定义职位要求的方式产生了多大的效果？公司里的合适人选是否参与进来了？是否我们更加关心工作已经被如何定义，而不是应该如何被定义？
- 我们当前多管齐下的方法是否能够招揽到各方优秀的人才？如果没有，那么怎样才能够吸引更多、更合格的人选？
- 我们采用的应聘者筛选方法有效吗？最好的方法是什么？
- 我们能从面试中获得我们作出正确决定所需要的信息吗？所有的面试官和面试都能坚持同一的标准吗？某些面试官是否还需要更多的培训？
- 我们的应聘者评估过程足够客观、严格和一贯吗？我们如何改进？
- 我们的聘用通知足够清楚和具有说服力吗？如果对方拒绝受聘，我们能否找出原因？

设法改进招聘过程，自然就能提高你的雇用水平。

小　　结

本章阐述了以下几个聘用过程中的重要步骤：

- **定义职位要求**。你必须十分清楚要聘用些什么人，以及你自己和其他参与聘用过程的人所提出的条件，包括技能、经验、态度和人格特质。

- **招聘。** 在这个步骤中，你要有策略地布网，以便网罗到大批合格人选。筛选简历是这个步骤的一部分。
- **面试。** 面试是为了让面试官和应聘者都有机会获得自己所需的信息，以便作出最好的决定。最理想的面试是向所有应聘者提出几个核心问题，以此作为以后评比的共同基准。
- **评估应聘者。** 等到所有应聘者的面试结束后，参与聘用决定的人必须客观地评估每位应聘者。"决策矩阵图表"能够帮助他们整理面试笔记，并回想起很多应聘者。
- **决定和聘用。** 招聘过程的最后一个步骤就是作决定和聘用。锁定的目标必须是那些将对组织的成功作出贡献的人。

经理人百宝箱

3 留住最佳人才

3 留住最佳人才

——留住员工的重要性

本章重点话题

- 对于公司和公司的管理者来说留住员工的重要性
- 员工为什么会留下，为什么要离开
- 区分个体员工和员工群体
- 留住员工的管理诀窍

雇用和留住员工是“同一枚硬币的两面”。它们之间是互补的关系，如果处理得当，它们将产出所有企业都迫切需要的东西：一流的人力资产。本章我们将把焦点从招聘过程转到有关留住你已拥有的优秀员工的策略。

如果你完成了在前一章里所阐述的所有事情，并且雇用了有才能且努力工作的人来补充你所有空缺的职位，那么你就比你的竞争对手拥有了更大的优势，因为，很少有公司能完成这个目标。但是，你的招聘成功将使你面临另外一个挑战：留住这些在工作上表现异常出色的明星员工。毕竟，如果你的人力资产是高人一等的，那么，将会引起其他公司的注意，并设法利用更高的薪酬，更大的权力和更诱人的工作环境——还可能是采用你在招募这些优秀员工时所提供的同等条件来诱惑他们“跳槽”。你将发现你自己处于守势，这将促使你考虑你自己的雇用行为，福利和赔偿体系，以此来判定这些是否破坏了你所雇用的优秀员工对你的忠诚。

世界上大多数最令人羡慕的公司都面临着留住员工的挑战。仔细想想美国的许多公司在 1992 年至 2000 年这段时间里的经历。在这段时间里，美国商业经济非常繁荣，而劳动力大军中那些希望找到一份工作，而且能力很强的人都加入到了应征的行列。在许多职业种类中——尤其是高技术含量领域，例如，IT，软件开发，电子工程，会计和金融——的供不应求，引发了众所周知的“人才大战”。许多公司意识到了人才的缺乏将制约公司在未来的发展，因此，这些公司尽全力来挽留那些最有价值的员工。美国安永会计师事务所（Ernst & Young）竟然成立了一个直接向首席执行官汇报工作的“留住优秀员工办公室”。其他公司还提出了“工作与生活的平衡”来缓解后方带来的压力。允许穿着休闲服装上班，在工作现场照顾孩子，增加台式足球设备。甚至有些公司允许员工带着他们的狗来上班。图书和杂志上出现了大量有关“如何保持你员工的快乐和高产”的文章。

“人才大战”随着 2000 年末美国经济的衰退而出现结束的迹象。但是，经济衰退并不会永久持续下去，许多人意识到“人才大战”将随着经济重新走上正轨而再次升温。然而，在某些经济领域中，这种“战争”从未真正地平息过。

本章重点阐述如何留住员工的问题，解释了为什么留住员工对于你的生意如此重要，以及为什么留住员工非常具有挑战性。本章深入洞察了为什么人们留下来继续从事现在的工作，什么因素促使他们离开，同时，还提出了作为管理者的你所能做的留住你的最优秀员工的一些建议。

留住员工很重要

留住员工和员工流动（员工流动分为自愿和非自愿两种）正好是相反的。虽然，有极少数公司的员工流动率保持在一位数，但是，根据“组织调查中心”（Center for Organizational Research）的调查结果显示，行业范围内和公司内部跟踪员工流动率的标准的范围是 15 %至 50 %。

留住员工并不只是简单的“感觉好”的问题。留住优秀员工的重要性主要体现在以下三个关键的原因上：(1)知识资本日益增长的重要性；(2)员工的任期和消费者满意度之间的因果关系；和(3)员工流动的高成本。下面让我们来依次解释：

知识资本增长的重要性

在工业时代，一家公司的实物资产——例如，机器，工厂，甚至土地决定了这家公司的竞争力的强弱。在如今的“知识时代”里，知识资本成为了界定一家公司竞争力的主要因素。知识资本是指一家公司的劳动力所拥有的独特的知识和技术。如今，成功的商业依靠创新的观念和一流的非技术产品与服务——所有这些都是由员工所掌握的知识和技术带来的。

无论员工什么时候离开，你的公司失去的将不仅仅是他们的知识和他们的(通常很昂贵)已获得的技术。如果，这些员工“跳槽”到你的竞争者那里，那么损失则是以复利计算的。这不仅仅使你的公司丧失了知识基础的重要部分，而且，你的竞争对手也不需要再花时间和金钱来进行培训，因为，你的公司已经为此付出了时间和金钱。

留住员工和消费者满意度

所有人都知道消费者满意度在商业的生存和发展中是最重要的——如果不是唯一重要的——因素之一。这也是另外一个留住员工的重要原因。简单地叙述：那些对他们的工作和公司感到满意的员工才更加有可能使消费者感到满意。尽管，这可能是直观的，但是，越来越多的研究支持了这种相关性。

留住员工和服务利润链

在20世纪90年代早期，哈佛商学院教授詹姆斯·赫斯克特(James Heskett)，厄尔·萨瑟(Earl Sasser)和几个同事开发了一个模型，这个模型认可了员工满意度，忠诚度和留住员工在赢利方面的作用。

以下是服务利润链的7个基本主张：

1. 消费者的忠诚度驱动利益增长。消费者忠诚度增长5%，能够使利润增长25%至85%。
2. 消费者满意度驱动消费者忠诚度。施乐公司(Xerox)发现“非常满意”的消费者再次购买公司设备的可能性比“一般满意”的消费者高出了6倍。
3. 价值驱动消费者满意度。一家保险公司致力于提供包括在发生大灾难的地方设立特殊服务团队在内的最大价值。这家公司成为了这个行业里利润最高的公司之一。
4. 员工的生产力驱动价值。纽柯公司(Nucor Corporation)生产团队在钢铁行业里是最具生产力的。毫无疑问，纽柯公司的每一位员工在过去的20年里为公司的股东创造的价值比其他任何一家钢铁制造公司都多。
5. 员工的忠诚度驱动员工的生产力。一家每年用一名经验不足1年的销售代表替换一位拥有8年销售经验的销售代表的汽车零售商在销售额上产生的损失是432,000美元。
6. 员工的满意度驱动员工的忠诚度。在一份公司的调查中显示，在所有不满意的员工中有30%的人有意马上离开，而在全部满意的员工中只有10%的人希望离开。此外，员工的低流动率与消费者的高满意度直接相关。

7. 内部品质驱动员工满意度。从事服务行业的工作人员在他们被授权去为消费者把事情做好的时候和他们有责任去增加工作价值的时候,是最高兴的。

资料来源:James L. Heskett, Thomas O. Jones, Gary Loveland, W. Earl Sasser Jr., and Leonard A. Schlesinger, "putting the Service-Profit Chain to Work," *Harvard Business Review*, March-April 1994, 164—172。

员工流动成本

员工流动的高成本是留住员工的第三个主要原因。员工流动涉及三种类型的成本,每一种都会给企业的经营带来影响:

- 直接费用,包括不列入预算的招聘,面试和培训替代人员的开销。(在一种供不应求的劳动力市场中,替代人员的薪水可能比离职员工的薪水还要高——这可能还不包括潜在的奖金在内。)
- 间接成本,例如,对工作量,士气和消费者满意度的影响。其他员工会不会也考虑离开?消费者会不会追随离开的员工而离开?
- 机会成本,包括失去的知识和未完成的工作,尽管,管理者和其他员工会暂时填补这个职位空缺,并且培养替代人员快速地适应工作。

这些加起来会是怎样的结果?估计的结果大不相同,因为损失的成本和安排替代人员的成本要取决于相关的个人和行业。但是,成本肯定不会很低。通常,就员工而言,美国劳工部(U.S. Department of Labor)估计,一名员工流动的成本大约是新员工薪水的三分之一。在从事管理和专门性工作的员工中,这个百分比的增长是惊人的。通常,估计的结果是离职员工年薪的一到两倍。这些数字具有很大的可变性,不管怎样,这些还是与离职员工的效率有关。损失一名高效率员工的成本绝对比损失一名表现平平的员工的成本高得多——即使这两名员工的薪水和奖金非常相近。

员工流动并不总是坏事

然而,"员工流动成本硬币"还有另外一面。一个不合格的员工的流动可能不会产生任何成本,因为,这样的员工离职实际上是消除了某些隐藏的成本。参考这个例子:平庸的,或者是不合格的员工在重要职位上的成本。这样的员工所作的糟糕的决定的成本是多少?作者/顾问布拉德福德·斯马特(Bradford Smart)粗略估算出的一名不称职的中层管理者每年的成本是120万美元。如果,这个不称职的员工是高层管理者,那么,这个费用还要增加很多。而他们所造成的士气低下和不尽职所带来的成本又是多少?这是每个人都想知道的。

定期的员工流动同样能够为你创造职位空缺,这样你就可以利用这个空缺来安排那些应该得到嘉奖的员工。同样，填补这些职位空缺的新员工能够为组织带来新的技术和不同的经验。

因此，不要错误地认为你必须不惜一切代价来减少员工流动。在有些情况下，员工流动对你的生意有着积极的影响。

员工为什么会留下

员工愿意继续留在公司的原因有很多，其中包括职位保障，公司文化认可"工作与生活的平衡"的重要性，出色的表现能够得到认可，弹性工作时间，或者是一种归属感。这些原因可能由于国家的不同而不同。不管怎样，无论哪种文化，哪种原因，假定人们可以自由地更换工作，员工选择留下来的主要动机是：

- **以组织为骄傲。**员工们喜欢为那些管理得当，被技术熟练、足智多谋的领导者所领导的公司工作。
- **一位令人尊敬的主管。**员工与主管的关系是极其重要的。如果，员工们拥有一位令人尊敬，而且支持他们的主管，那么员工们会非常愿意留下。这对于作为管理者的你来说，也是一个重要的因素，它可以使你拥有最好的支配权，同时，还拥有最多的留住优秀员工的机会。
- **合理的薪酬。**同样，员工们希望为那些提供合理薪酬的公司工作。这不仅仅包括竞争性的工资和福利，同样还包括以学习、成长和做事的机会为形式的无形补偿。你对工资的控制是有限的，但是，你可以通过分配给那些你希望留住的员工们感兴趣的任务来对他们进行补偿。

- **关系。**有机会与令人尊敬的，容易相处的同事一起工作是许多员工考虑的另外一个重要因素。
- **有意义的工作。**最后，员工们希望为那些让他们从事他们最感兴趣的工作的公司工作。令人满意的，而且充满刺激的工作能够使我们所有人更富有成效。

麦肯锡管理咨询公司(McKinsey & Company)的"2000 年人才大战调查"的结果得到了公司中高层管理人员的普遍支持。作者埃德·迈克尔斯(Ed Michaels)，海伦·汉德菲尔德-琼斯(Helen Handfield-Jones)和贝丝·阿克塞尔罗德(Beth Axelrod)根据这些结果和其他结果总结出，如果公司能够注意"员工价值意向"(EVP)，那么公司就能够吸引并留住人才。"员工价值意向"相当于每个公司为其顾客提供的价值意向——以可感知的价值衡量某种特定的成本——在工作场所的对等物。这三人建议，如果公司希望在吸引并留住人才方面更加成功，那么他们就应该评估并加强他们的员工价值意向：

> 为了创建一种有说服力的员工价值意向，公司必须提供管理者寻找的核心元素——令人兴奋的工作，伟大的公司，有吸引力的报酬制度和发展的机会。更多一些的额外补贴，休闲服装，或者更慷慨一些的健康计划，这些都不会在差的"员工价值意向"和好的"员工价值意向"之间产生太大的差别。如果，你希望充分加强你公司的"员工价值意向"，那么就作好

改变经营策略，组织结构，文化，甚至是领导者的才干等重要事项的准备。[1]

尽管，迈克尔斯和其他人得出结论的数据是基于管理者和决策人，但是，很有可能其他员工也会作出类似的反应。

员工为什么要离开

员工们离开组织也有很多不同的原因，但是，主要原因还是由于上述条件中的一个或多个从一开始就缺少，或根本就没有考虑。例如：

- **公司领导层的变化。**高级管理层的决策质量下降，或者员工们对这位刚刚掌舵的新领导还不信任或者感到不舒服。
- **与直接主管之间存在冲突。**当员工们与他们的上司之间的关系变得紧张，或成问题，并且他们在公司看不到任何其他的选择的时候，员工们也可能选择离开。（关于这个话题更多的阐述请参见：“管理者和主管是关键”）
- **关系密切的朋友离开。**他们特别喜欢和尊敬的一位同事离开了公司，这样也就带走了一个有意义的关系纽带。
- **发生了不利的职责转变。**一位员工的工作职责转变了，因此，这份工作已经不再对他（她）有吸引力。
- **工作与生活的平衡出现了问题。**员工在工作场所的职责使他们和家人、朋友分开的时间过长，最终，使他们对他们的工作不再感兴趣。

管理者和主管是关键

你可以用很好的薪资和福利，亲情员工政策和其他所有东西来激发忠诚并留住员工，但是，“一只烂苹果烂一桶苹果”。具体而言，一名糟糕的管理者能够使你所有的留住员工的计划变得没有任何效果。

盖洛普(Gallup)公司的调查员马科斯·白金汉(Marcus Buckingham)和柯特·科夫曼(Curt Coffman)这样说：

> 管理者胜过公司。这不是说……员工的进取心不重要。而是说，你的直接管理者更重要一些。她定义了你的工作环境并渗透其中……如果，你和你的管理者之间的关系破裂，那么，不管再怎么多的劝说也好，一定不要留下来完成工作。在一家守旧的公司为一位伟大的管理者工作好过在一家开明且注重文化的公司为一位糟糕的管理者工作。[a]

麦肯锡管理咨询公司的贝丝·阿克塞尔罗德，海伦·汉德菲尔德-琼斯和埃德·迈克尔斯对于糟糕的管理者得出了一个相似的结论，他们将这个结论描述为“C类员工”。“如果，‘C类员工’担任领导，那么，对于所有人来说就意味着障碍降低了——这对于那些注重绩效的公司来说是一种清晰可见的危险。‘C类员工’雇用‘C类员工’，他们使他们周围的员工失去信心，使公司对那些天才员工来说成为了一个缺乏吸引力的地方，并对高层领导者的判断力产生怀疑。”[b]（我们在第8章会详细阐述“C类员工”和处理他们的办法。）

虽然，很多人表示，公司文化在留住员工的问题上有很重要的作用，但是，运营单位的文化对于在单位工作的员工来说实际上也非常重要。如果，老板是一位愚蠢的人，或者是不胜任的人，那么，最好的员工一定会选择离开。

[a] Marcus Buckingham and Curt Coffman, *First, Break All The Rules: What the World's Greatest Managers Do Differently* (New York: Simon & Schuster, 1999), 34.

[b] Beth Axelrod, Helen Handfield-Jones, and Ed Michaels, "A New Game for C Players," *Harvard Business Review*, January 2002, 83.

根据市场导向留用员工

保留人力资本是一项重要的管理职能，但是，这不应该成为最终目标。你的目标不应该是留住所有员工，或者是去做减少员工流动率的事情，而应该是留住那些真正有价值，而且很难替代，并且替代成本很高的员工，换句话说，就是根据市场导向来留用员工。像前面所提到的那样，表现拙劣或者平庸的员工的流动可能成为一件好事：他们所留下的空白为你雇用那些有潜力的能够为公司作出更好贡献的人提供了机会。

根据市场导向留用员工的第一步是确认那些对你组织的成功来说至关重要的个体员工和员工群体。然后，列出你单位内部具备以下几点的个体员工的名单：

- 为他人提供正式的，或非正式的指导；
- 一贯地创造优秀成绩；
- 贡献实用且有价值的新想法；
- 在很少或完全没有监督的情况下完成他们的任务；
- 为其他人的工作提供帮助；
- 在公司内部担当重要信息的传递"点"；
- 拥有独特的知识或技术，替代他需要昂贵的成本，而且耗费许多时间；或者

● 如果他们“跳槽”到直接的竞争对手那里，将会给公司造成巨大的损害。

此外，留意一下员工群体也非常重要。回想一下对你的业务来说是必不可少，但供不应求的员工群体；他们的“背叛”会造成极大的破坏；重新招聘和培训这类员工的费用昂贵；他们控制着公司与消费者之间的联系纽带。

一旦你确认了拥有最高价值的个体员工和员工群体，你就要确定他们得到了留下来所必需的资源和关注。

薪 酬

大多数行内人都不把薪酬看作一种留住员工的重要策略。只有当员工认为他们的薪酬不公平或不具竞争力而使得你留不住令人满意的员工时，薪酬才成为问题。甚至，一些把他们的技术和职业看得比钱还重要的员工将薪酬看作是组织对他们的贡献和能力的一种评价。如果，他们感到评价过低，那么，他们将会离开。

薪酬也并不是一种可靠的激励因素。很多年以前，弗雷德里克·赫兹伯格（Frederick Herzberg）发现雇主们常用的激励方法——其中包括提高薪酬——最多只能产生暂时的绩效提高。[2] 各种研究已经证实，薪酬作为一种留住员工的工具，其价值是有限的。无疑，其他的策略也对留住员工产生了很重要的影响。

沃顿商学院(Wharton School)教授,人力资源专家彼得·卡普利(Peter Cappelli)提供了以下适用于市场导向的薪酬建议:

- 付给那些拥有极其重要的,特殊专业技术的员工“热门技能”奖金。这能够使他们在关键时期留在他们自己的工作岗位上——例如,关键产品的最后设计阶段。当这种技能变得有更多人可以掌握,或者对于你的生意来说不再重要的时候,停发奖金。
- 分期支付签约奖金——例如,在5年内付完新任首席执行官签约奖金。[3]

你可能有,或可能没有太多的关于公司范围内发放奖金的政策的话要说,但是,你可以利用业绩考评来决定谁应该得到最大部分的奖金。

工作再设计

工作再设计是另外一种留住员工的策略。如果你能找出某个工作内部的满意和不满意因素,那么,你可以将那些令人感到不满意的任务完全分离出来,然后,将这些任务交给另外一些愿意接受这些工作的个人。将不必要的任务外包是另外一种解决方案,而这正是有些公司的做法。例如,华尔街(Wall Street)上一些大的有价证券经销商,他们不会要求他们的经纪人和办事员在晚上回家之前将休息室打扫干净并用吸尘器清洁地毯。他们将这些任务外包给清洁公司。你的公司也可以这样做。

因此，如果你的一个难以替换，并且替换成本很高的关键职位上发生了员工流动，那么，将这个职位“放在显微镜下”，然后，提出以下问题：

- 这个工作的哪些方面使得员工感到不高兴？（直接询问一些员工。）
- 如果，我们将令人讨厌的任务从这个工作中分离出去，那么我们是否还要加入一些其他的任务来保持这项工作的“完整”？那些其他的任务又是什么？
- 假设某人必须来承担这项令人讨厌的工作，有什么办法来处理？
- 工作再设计（和其结果），或是这个关键职位上当前的员工流动率，哪一个对于组织来说损失更大一些？

员工留用的一般策略

那么，管理者用什么方法能够留住尽可能多的优秀员工呢？这里有一个涵盖了大多数基本要素的简洁列表：

1. 使员工拥有一个良好的开端。从雇用适合他们职位的员工开始，并确保他们已经了解了他们所要从事的工作。同样，好的开端还始于对新员工的欢迎和使新员工有群体归属感。

2. 用令员工尊敬的老板营造良好的大环境。管理者通常认为公司的政策和公司的文化决定了工作环境。他们是对的,但这只是在某种程度上来说。然而,政策可能被取消。无论如何,一个部门,或一个单位里的氛围对于个体员工来说要比公司的整体文化重要。

糟糕的老板不利于营造良好的大环境。你单位的管理者,或主管中有多少人排斥他们的下属?有多少管理者在公共场合斥责他的下属,将他们自己的失败归咎于他人,或者从来不会说“谢谢,你的工作完成得很好”?如果你的经理,或主管是令人讨厌的,那就做好所有具有销售技能的员工都离开的准备吧。

最后,替换糟糕的经理和主管要比用源源不断的好员工替换坏员工好得多。

3. 分享信息。自由地分配信息——关于业务的,关于财务绩效的,关于战略计划的——告诉员工,你相信他们,他们是重要的合伙人,你尊重他们的理解能力和在业务上作出的贡献。

4. 最大限度地给予员工自主权。许多员工喜欢在最低限度的监督下工作。因此,最大限度地给予他们自主权。这样做会使他们感到高兴,同时,你作为管理者的工作也就会相对轻松一些。

5. 激励员工发挥出更大的潜力。大多数员工——尤其是那些你最想留住的员工——喜欢挑战,也很享受你委托给他们更重要职责的感觉。因此,将这些你最希望留住的员工投入到工作中会使他们发挥出更大的潜力——同时,给予他们成功所必需的支持。

6. 弹性工作时间。弹性工作安排在成功留住员工上起到了很大作用。当然,不是所有的管理者都有权力来制定全新的工作安排。但是,差不多每个人都拥有一些现场弹性工作安排的权力,例如,允许员工在重新安排工作后去照看生病的孩子,或者到已预约的医生那里看病。如今,提倡员工价值的灵活性。

7. 设计工作来鼓励员工留下。对于一位有才能的员工来说,没有比一项过于重复,过于孤立,毫无挑战性,或者完全令人讨厌的工作再压抑灵魂的事情了。因此,如果你发现在某个重要的工作种类中出现了令人无法接受的过高的员工流动,那么看清楚你每天都在要求从事这项工作的员工做些什么?你也许能够通过工作再设计来解决员工流动问题:在一项重复的工作里增添一些变化,让孤立的员工加入到临时的团队项目里,提高工作的挑战性,等等。如果一项工作包含了一个或者更多的使人感到反感的任务,那么,考虑取消或者外包这些任务。

8. 尽早识别潜在的"叛徒"。好的工作环境和好的工作是见仁见智的事情;对某人是挑战的事情对另外一个人可能是灾难。你不会知道你在这两方面做得如何,除非你问。

9. 成为一个以留住员工为导向的管理者。永远不要忘记你作为管理者的一部分职责是保证你的单位拥有合适的员工。留住优秀的,表现卓越的员工是你工作的一部分。因此,考虑一下你应该如何管理员工,如何安排工作流程。通过各种办法鼓励最好的员工留下,或是不知不觉地将他们赶走,你是哪种类型的老板?

发现潜在"叛徒"的诀窍

你的员工中是否有些人要离开？B. 林恩·韦尔(B. Lynn Ware)，人力保持顾问公司——"ITS 公司"的创始人，忠告客户要警惕下面所列的不悦和不满的早期信号：

- 行为举止上的改变，例如，迟到早退
- 绩效下降
- 从未被投诉过的人突然被人投诉
- 提及其他公司的时候愁眉苦脸(例如，"我听说这个人在 XYZ 公司得到了 3 万美元的签约奖金")
- 冷漠的举止行为(例如，一位员工总是积极参加会议，或者自愿参加某个项目的工作，突然之间，变得总是逗留在不引人注目的地方，或者得过且过)
- 总是说"筋疲力尽"

如果你发现了这些警示信号中的任何一个，马上着手处理。尽快安排与这样的员工见面。利用试探性的问题来确定问题的源头。显示出你对他(她)作为你的员工的重视，并且询问，你要如何做才能与之携手创造更好的工作经历。

资料来源："Employee Retention: What Managers Can Do," *Harvard Management Update*, April 2000, 2。

工作与生活平衡的作用

在 2002 年至 2003 年经济滑坡之前，工作与生活的平衡在美国是最热门的商业话题之一。尽管，经济不景气造成的失业期带来了巨大的冲击，但是这个话题人们仍然不愿放弃。原因不外乎是由于工作与生活的平衡是员工满意度、忠诚度和生产力的核心元素。这就意味着，如果你提供了一个能够使员工有效地平衡工作需求和私人生活的工作空间，留住员工将不会是太大的问题。而且，如果你在劳动力市场拥有了支持工作与生活平衡的美誉，那么，你将在雇用优秀员工方面占尽优势。工作与生活平衡并不只是"感觉好"的问题，或者是花费公司金钱的额外补贴。它能转化为更好的商业绩效。

现今，工作与生活的平衡仍然是主要问题，因为，太多人已经对漫长的白天，微不足道的假期，在旅馆房间里度过的晚上和周末从老板那里接收的电子邮件"烦透"了。许多公司已经了解了这一状况，并且已经制定出对策来帮助他们的员工保持生活中两个方面的平衡。

乍一看，你可能会认为每向工作与生活的平衡迈进一步都代表着为此作出响应的公司付出成本。但是，像斯图尔特·D. 弗里德曼(Stewart D. Friedman)，佩里·克里斯滕森(Perry Christensen)和杰西卡·德格罗特(Jessica Degroot)在被广泛阅读的《哈佛商业评论》里发表的文章里阐述的那样，工作与生活的平衡可以用"双赢"的观点来提出，而不是作为一种"零和游戏"提出。这些研究者提供了如下三个原则来打破这种"零和游戏"：[4]

1. 确定员工理解企业优先级，并鼓励他们同样清楚他们的个人优先级。组织的工作必须完成，而工作与生活的平衡不应该成为忽略工作的借口。同样，工作也不能成为忽略重要的私人生活的借口。弗里德曼、克里斯滕森和德格罗特劝告管理者一定要清楚公司的目标和预期业绩。同时,他们应该鼓励员工清楚他们作为家庭成员和作为个人的目标。一旦,所有人都明确了自己的目标,那么,日程计划和任务分配就能够以双方都满意的方式来安排。

2. 承认并证明员工作为"完整的人"在工作场所以外仍有重要的作用。如果管理者能够理解他们员工的与工作无关的生活,并表现出自己的关心,那么,他们就可以很好地处理工作与生活的冲突。而且,管理者还能够通过表现出真诚的兴趣来建立起员工的信任和忠诚。

3. 就如何完成工作进行频繁的尝试。聪明的管理者知道为了获得更好的效率和效果,应该定期重新考虑和重新设计工作方法。工作与生活的平衡为这些方法的实验提供了机会。

工作与生活平衡的诀窍

我们从上面所述的工作与生活平衡的"三原则"那里得到提示,下面列出了一些你可以用来实现工作与生活平衡"双赢"局面的做法:

- 给员工制定明确的目标,但是,在他们完成目标的方法上给予他们更多的自主权。比方说,"你将负责消费者调查工作,从现在开始,最晚于3月中旬将完成的报告交给我。我希望你制定一个完成这项工作的计划。"
- 更加注重结果而不是方法、地点和什么时候开始工作。
- 从个人层面上更多地了解你的员工和你的同事。他们是否有需要注意的公民义务?他们是否有孩子或年老的父母需要照顾?他们是否还拥有其他的能够使公司赢利的技能?

像工作场所研究人员在数十年前发现的那样，从个人层面上表现出对员工的兴趣能够对士气和进取心产生积极的影响。

- 鼓励员工去发现能够满足他们的职责要求的新的和更好的方法。例如，销售经理和产品开发人员可能发现价值 5,000 美元的远程电话会议设备每年能为公司节省 15,000 美元的差旅开支——同时，还能节省数百小时的毫无收益的差旅时间和远离家人的很多夜晚。

远程办公

许多公司发现远程办公是创造工作与生活平衡的一个有效工具。远程办公是指员工在工作地点以外的场所利用便利的网络通讯来完成工作。据国际远程工作联合评议会(ITAC)估计，在 2001 年的时候，美国大约有 2 千万员工在使用远程办公。

远程办公的支持者认为远程办公能够节省大量成本，并从中受益，其中包括更低的不动产成本，更高的员工生产力，工作满意度和更低的人员流动。而一些使用远程办公的员工认为远程办公有助于他们平衡工作和个人责任。美国电话电报公司(AT&T)在 20 世纪 90 年代早期就开始大量使用远程办公。该公司在 2000 年对 1,238 名管理者进行了调查，结果发现他们在工作上投入了更多的时间。回答者指出，他们每天至少多工作了一个多小时；生产力更强；更忠心；对他们的工作更加满意。这些管理者中有三分之二的人认为公司的远程办公政策使他们的工作更容易留住员工，并且更具吸引力。

美国电话电报公司的报告指出，全职远程办公每年为公司节省的不动产开销为2,500万美元。[5]这些值得注意的发现不仅仅只是针对美国电话电报公司。但是，在你提倡远程办公计划前，你的公司，或你的单位应该仔细考虑一些问题，这些问题包括：

- 哪些工作适合远程办公？
- 哪些是法律问题？哪些是受规章限制的问题？哪些是保险问题？哪些是技术问题？（例如，个体股票经纪人不能在证券公司无人管理的办公室工作。）
- 你将如何监督使用远程办公的员工并保证责任？
- 员工是否会担心成为远程工作者对他们的晋升和其他得到认可的机会产生消极的影响？

尽管主张自身的利益，远程办公并不是适合所有的组织。马伦·阿普加(Mahlon Apgar)在《哈佛商业评论》上发表的一篇文章里提出了这个问题，他解释了当公司处于以下情况的时候，远程办公计划是最适合的：

- 致力于运作的新方式；
- 更多地属于知识产业而不是制造产业；
- 动态的，非等级的，高科技；
- 有意愿在工具和培训方面投资。[6]

管理者和主管也同样要适应远程办公。毕竟，他们的下属不在他们的看管之下。没人知道他们是在工作还是在看情景喜剧《宋飞正传》(Seinfeld)的重播？按照很多专业人士的说法，其补救方法是管理者将注意力集中在工作的结果上，而不是员工的行动。

这就意味着要为独立的远程工作者设定明确的目标，并确定他们清楚地理解了这些目标，并建立一个短期阶段进展监控系统。同时，管理者必须将独立工作者并入到更大的小组；否则，员工很可能成为孤立的个人，并彼此失去联系。

远程工作向管理者提出了一个全新的挑战，但是，远程工作的好处——尤其是在工作与生活平衡和留住优秀员工方面的好处是清晰可见的。

弹性工作安排

弹性工作安排是帮助员工实现工作与生活平衡和为你的组织留住这些员工的另一个途径。弹性工作安排允许独立工作员工的工作方式不同于那些每天朝9晚5，每星期工作5天、40小时的员工。弹性工作安排为那些正巧在工作时间需要解决照看年幼的孩子，巩固不牢固的关系等等问题的员工创造了机会。

许多员工都喜欢弹性工作安排。这也是德勤会计公司(Deloitte&Touche)通过研究和实践得出来的。截止到2001年1月，有超过1,100家公司的专业人员已经开始选择某些形式的弹性工作安排。这些人中有20%的人是股东。根据德勤会计公司员工的调查，采用弹性工作安排的专业人员中有90%的人表示对他们的安排感到满意。[7]这里列出一些在现在的企业中使用的典型的弹性工作安排：

- **缩短时间安排**。例如，为了解决在早上开车送孩子上学的问题,这位员工从上午10点工作到下午5点。

- **周期性的安排。**例如,一位税务专家从1月到4月,每周工作60小时来应付纳税申报表过多的紧急状况,然后,在这一年中状况平稳的时候,每周工作30个小时。
- **压缩安排。**例如,为了解决周末演出的时间问题,这位计算机技术人员将40小时的工作集中在星期一至星期四完成,这样,就可以利用星期五来排练。

小　结

本章阐述了与留住员工有关的主要问题和能够使管理者大有作为的重要方法。尤其是:

- 留住员工的重要性主要是因为员工的高流动率造成了高额的替代成本,而且很明显随之而来的是过低的消费者满意度和消费者忠诚度,还有收益的损失。
- 当员工将组织作为骄傲和关系的来源的时候,当他们尊敬他们的主管,当他们认为薪酬合理的时候,当他们认为他们的工作有意义的时候,他们愿意追随他们的老板。
- 当领导层变得不再合适的时候,当他们与他们的直接主管发生冲突的时候,当最亲密的朋友离职的时候,当他们的职责以他们不喜欢的方式改变的时候,他们会选择离开。

- 管理者应该主要关心的是留住那些能够真正为组织和消费者增加价值的员工，而不是主要关心员工流动的问题。
- 改善“工作与生活平衡”的计划通常有助于提高员工的满意度和减少员工的流动。

4 充满自信地授权

4 充满自信地授权

——避免被过多的工作淹没

本章重点话题

- 授权的好处
- 应该更多地授权或更有效地授权的信号
- 有效授权指南
- 授权的方法
- 准备授权
- 完成任务分配
- 工作成果监控
- 通过事后评估学习

很多管理者感觉到被太多的问题和太多要做的事情所吞没。你是其中之一吗？你是否发现你的时间经常不够用，而你的下属却无事可做？如果真是这样，那么，你需要检查一下你分配工作的方式了。

管理工作就是利用人力和其他资源来达成目标。此外，还意味着给其他人分配任务。授权是一个人将特定的任务，或是项目交给另外一个人，同时，被授权人的责任是完成这项任务，或是项目。当你授权的时候，你不仅仅是把工作转让给了另外一个人；你同时转让的还有按标准来完成工作的责任。

成功的管理者证明授权是一个非常重要的技巧，而这个重要的技巧却常常被那些"过度工作"的管理者忽略。有效的授权者花很少的时间去"做"，而将大部分时间用来制定工作分配计划，组织用于授权的资源和指导那些需要帮助的人。本章将阐述授权的永恒原理和当今应用授权的实用方法。[1]

授权的好处

有效授权能够为你本人，你的员工，以及你的组织带来很多的好处。让我们从你开始吧！当你授权给他人的时候，你通过把任务分配给其他可以胜任此项任务的人的方式减轻了自己的工作量和工作压力。这样，你可以拿出更多的时间来把精力集中在那些需要你独特的技能和权力才能完成的事情上，例如，做计划，商业分析，运营控制，获取资源，解决关键人物的问题。

授权提高了你和你的员工之间的信任度。为了获得信任，你必须给予信任，而授权正是其中的一个方式。授权里所涵盖的信息是"我相信你能够把这个任务很好地完成"。同时，授权还能够帮助每个人学会通过携手合作来达成目标。

最后，授权还是“测试”一名员工的能力的有效方法，可以此确定他是否有资格获得提升。分配一系列的任务给一名员工，不久之后你就可以大致评估出这名员工的优势和劣势所在。

好的员工同样从任务和项目的授权中获益颇多。任何一次任务分配都是学习如何履行责任，如何计划工作，如何和他人合作的好机会。更为有效的是，授权能够使你的员工学习到更多的管理经验。而开发人才也同样是你的工作组成部分。

授权也往往使一些管理者感到心神不安。他们害怕失去对员工和项目的控制，同时，他们还担心失去自己的权威。有时候他们觉得自己来做这些工作更有效一些：“有我向亨利(Henry)说明这项工作的时间，还不如我自己来做呢。”而且往往他们真的会自己来做。从长远的观点来看，无论如何，每一位管理者都必须分配出一些控制权，并且教会其他人如何完成工作。不充分授权的其他借口还包括：

“我对我的员工没有信心。”这样的管理者应该从授权小的任务开始；这么做能够使他们的信心逐步建立起来。

“我喜欢按照我的方式来完成工作。”这不应该成为障碍。管理者可以通过沟通优先级和标准的方法来以他们的方式完成工作。这比凡事都要亲力亲为更加有效率。

“我的员工会抱怨额外的工作。”也许会。但是，优秀的员工是非常高兴有机会去负责重要工作的。而这些员工也正是你希望留用并发展的。

授权与赋能

“赋能”这个词在过去的五年，或者十年时间里已经被传播成了不受限制的意思。那么这个词与授权是否是同义词呢？如果不是，差别又在哪儿？

授权意味着管理者保留着权力，控制和职责。如果按别的方式去做就意味着“让位”。管理者说：“这就是我希望你去做的。”即使他（她）没有明确描述达到结果所需的方法，管理者同样可能在工作开展的时候查看员工的计划和监控工作表现。在缺乏权力，控制和职责的情况下，授权就等于放弃。与此不同，赋能是向领受人转移权力和职责。被赋能的个人或团队有权力为达成目标来决定方法和承担职责。自律和义务成为了管理者控制的代用词。

“人们期待我成为解决问题的能手和决策者。”这在某种意义上来说是对的，但是，任何级别都需要解决问题的能手和决策者。你要使你的员工清楚你的作用是他们在为自己作决定的时候支持他们。同时，还要使他们清楚某些分配的任务意味着一些全新的，有趣的机会。

警示信号

以下是管理者的授权技巧需要提高的一些“警示信号”。看一下，哪些关系到你？

- 你的收件箱永远是满满的。
- 你经常加班去做一些“只有你自己才可以做的事情”。
- 分配的任务总是不完整的，而且任务经常不能如期完成。
- 下属感觉他们缺乏完成任务的权力和资源。
- 你复评员工的决定并亲自重做员工的工作。
- 下属感觉对完成所分配任务的准备不足。
- 你过于频繁地干涉你已经分配出去的工作。
- 士气低沉，员工流失率上升。
- 人们不再愿意为你分配的任务承担责任。

有效授权指南

创建一种适宜的氛围和环境对于实现有效授权来说是非常重要的。你可以依照以下指南来实现有效授权：

- 你一定要清楚自己想要什么，什么时间完成，结果如何衡量。如果你对自己想要的东西都含混不清，那么，你得到的一定是一个令人失望的结果。

- 鼓励员工告诉你他们在这项工作上的特殊兴趣，他们能够投入的时间有多少。
- 使团队建立起对于单位整体目标的共同责任感。
- 避免总是给员工分配乏味的，艰难的任务。相反，应该分配能够激发个人兴趣，同时又能使其享受其中乐趣的工作。
- 通过职责的授权来为其他员工提供有利于事业发展的机会，而这种做法在公司内部是具有很大的吸引力的。
- 把任务分配给值得你信任，同时又拥有良好判断力和竞争力的员工。当然，要做到这一点，你要清楚地了解你下属的能力。
- 要认识到对于你的员工来说，获得任务授权本身也是一个学习的过程。因此，你需要提供一些必要的培训或者指导。
- 给那些值得你信任，但是技能有待提高的员工分配结构清晰的任务，同时为了增强他们的竞争力，为他们提供必要的支持。
- 无论什么时候，都要授权整个项目，或者职责，而不是其中的一部分；这样做可以增加动力和责任感。
- 跟踪，监控和提供反馈。
- 保持沟通。比方说，“如果你遇到了无法解决的难题，请告诉我。”

授权的方法

授权有几种不同的方法。通常，最好的方法是把整个任务、项目，或者职责只授权给一个人。如果把一项工作分配给不同的人，会造成一种没人知道究竟谁"拥有"这项工作的局面。即使领受任务的人对任务进行二次分配，那么，"责任田"也要划分清楚。

如果，你对授权还不是很熟悉的话，那么从任务授权开始是最简单，最合适不过的方法了。任务授权包括了分配明确的任务，或者是子任务给员工。这些可能包括写一份报告，产品调查，或者是制定会议计划。

项目授权则代表着一个更高的层次。一个项目包括一组与明确的项目结果联系在一起的任务。项目授权意味着任务的大量增加，这通常要求工作人员拥有更多的职责。项目授权的实例包括制定新的员工手册，进行客户调查，或者是培训其他员工学习新的计算机软件。

那些拥有很多下属的管理者可以选择通过职责授权来分配任务。职责是指与一项正在进行的活动（例如，销售，市场，或者是培训）相关的一些任务和项目。按照这种方法，每一项职责被授权给唯一的员工，而这名员工要在职责范围内定期向管理者提供最新的业务活动信息。

准 备 授 权

当你准备授权的时候，首先要确定哪些任务是你要去授权的。当任务确定以后，你要考虑的就是成功地完成工作所需要的技巧和能力。最后，把你要授权的任务分配给最合适的员工。

哪些适合(哪些不适合)授权

你的工作量把你压跨了吗？如果是这样，评估一下你的工作量，看看哪些部分是其他人可以应付的。然后，公开地将这些任务授权，尽管你非常喜欢这些工作，不愿意交给别人做。一些这样的日常工作能够为合适的个人提供多样的，并且具有推动作用的挑战。

一些分配的工作需要特定的培训或者经验。如果你认为某个任务太重要了，无法分配给其他人，那么，考虑一下分配职责。例如，假设你有一个设计、制作宣传手册的项目，你可以找一个有良好文案撰写技能的人来撰写文案；与这个人和另外找来的一个有图形设计，排版和制作能力的人共同组成一个团队。这里还有另外一个例子：

> 科林(Colin)在今年上半年的职责之一是设计、管理和对年度员工绩效考核进行归档整理。这是一项工作量很大的工

作，但是还没有达到科林自己无法完成的地步——在以前的财年中，都是由他自己独立完成的。

但是，现在的情况有所不同，因为，目前科林成为了部门经理，他日理万机且鲜有余暇。是的，他现在依然可以完全依靠自己来完成这项工作，但是，这样一来，他不仅要利用更多的周末时间来加班，而且，最重要的是也许还会占用用来完成其他重要任务的时间。

最后，科林组成了一个小组来完成年度员工绩效考核工作。他负责领导和监督，而另外两名拥有良好分析能力的员工承担了该项工作中比较费时的那部分工作。当最终的年度绩效报告完成并在公司内部传阅的时候，报告上除了科林的名字外，还签署上了他的两名助手的名字。

当然，不是所有的任务都能够，或应该被授权。作为一位管理者，以下任务你还需要保留你的职责：

- 计划，指导，并激励你的员工
- 评估员工的表现
- 复杂的客户谈判
- 需要依靠你个人的独特技能去完成的任务
- 员工的聘用和辞退，以及帮助员工进行职业规划

其他不可分配的任务，根据实际情况处理。

任务分析

一旦你确定了适合授权的任务或者项目，并确定了相关的工

作和必要的技术，那么，任务分析便会帮助你找到下面三个问题的答案：

- 完成这项工作需要哪种思维技巧类型的员工？（例如，解决问题的能力，逻辑思维能力，决策能力，计划性，以及创意设计能力。）
- 必须完成哪些工作？需要什么设备？（例如，文件归档整理，是否需要一台文字处理器？组织工作，培训工作，开发工作。）
- 你需要哪些人际沟通能力来完成分配的任务？（例如，与供应商沟通，为获得资源去谈判，咨询专家意见。）

为工作挑选最佳人选

一旦你确定了任务，以及完成任务所需要的技能，那么，问问自己，“哪位下属是完成这项工作的最佳人选？”当你在头脑中思索这一问题的时候，你不妨从以下几个方面考虑：

- 以往下属在表达自己发展愿望的时候，有没有表达过愿意从事此类工作的意愿。问问自己，谁曾表现出从事此类工作的积极性？
- 员工的可得性。不要给已经处于饱和工作状态下的员工增加更多的工作——尽管这些人非常尽职尽责，而且是值得信赖的。
- 某员工要完成这一任务，他需要你提供什么程度的支持？

- 员工从事这项工作的时间有多久？尽量避免在新员工对核心工作得心应手之前，再给他们增加新的工作。
- 以往分配给某个人的任务数量，尽量全面考虑所有员工，避免造成“偏心”的印象。
- 将任务分配给两个或者两个以上的人的可能性，因为这样能够充分发挥不同成员的特长。

如果，你习惯性地跟踪了解你在遇到特殊项目时所需要的拥有特殊技能人员的名单，那么，你将在选择最佳人选的时候处于一个有利的位置。例如，那些能够使抽象概念简单化的人能够成为一名很好的培训师；而一名拥有良好组织能力的人比较适合从事运营监督工作。

完成授权

一旦找到了完成某项工作的最佳人选，你所需要做的就是与相关人士沟通建议，并且给予他完成这项工作所需要的足够的权力。在这个过程中，面对面的交谈是必不可少的，在交谈中，你需要描述所分配的工作，并确认该雇员已经接受了这个任务。开放式的沟通和信任在这个交流过程中是十分重要的因素。为了使双方达成共识，按照下述方法去做：

- 清楚地描述任务，项目，或者职责。
- 确定任务的目的和该任务在全局中所处的位置。

- 评估员工的职责范围。
- 确认介入该任务的其他员工，如果可以的话，描述他们在该任务中的作用。
- 讨论切实可行的完成任务的“最后期限”。
- 建立大家达成共识的对工作表现的评估标准，成功的衡量标准和责任大小的衡量标准。
- 为诸如质量、时间和成本等制定严格的衡量标准。
- 确认员工能够负责任地满足你们已达成共识的工作标准。
- 详细说明能够提供的资源和支持。
- 明确完成所分配任务所需要的材料和物质资源，并确认它们的可用性。
- 如果必要的话，分配任务给另外的员工，为完成目标提供必要的帮助。
- 询问员工，完成任务需要哪些支持。
- 如果需要特殊的培训或指导，就培训或指导的方式进行讨论。
- 确定评估进程的日期。

在给员工授权的过程中，从一开始就建立制定清晰的指导方针和期望值是非常重要的。你授权给对方的权力的多少，取决于他的能力和你对他的信心。你需要了解以往他作为决策人时的表现。这样你才能确定授权给他的足以使他成功地完成任务的最小权力范围。

在你确定了权力的授权程度后，你一定要将你的决定告诉所有与所分配任务有关的人员，或是能够受到所分配任务影响的人员。

常见的问题

“我如何避免使员工有这种我正在把工作推给他们的感觉?”一些管理者会犯这样的错误——将令人讨厌的琐碎工作经常性地委派给这样的员工(a)以前完成任务的表现不错，或者(b)总是非常痛快地领受任务，而不像其他人那样经常抱怨。这些员工也许会因为老板对他们的信任，而有“受宠”的感觉——至少在某个时间段内是这样。但是长此以往，则会带来负面效果，尤其是那些经常承担额外工作，而又没有感到自己获得了某种补偿的人。“为什么他总是让我干这些杂事?部门里又不止我一个人?”忿忿不满的心理所导致的结果只能是阳奉阴违，或者是背叛。

你可以通过这样的方式来避免这一问题：在布置单调乏味和困难的工作的同时也要“搭配”布置一些有趣的，令人能够享受快乐的工作，并且让任何工作都得到大家认同。大家共同来承担那些被认为是“脏活，差活”的工作，这样能够提高大家的团队责任感。听取员工们的建议，找出他们认为有兴趣的和富有挑战性的任务。

控制，监控和反馈

对于管理者来说，最大的挑战是确保下属员工取得成功。实现这个目标的最好的方式就是通过提供任务的完成日期和对过程的监控来保证足够程度的控制。当你说，“我希望你们在下个星期五之前完成这项工作，”那么，这时你正在保持着对这项工作的控制，这也是你作为管理者的职责。当你说，“我希望星期三下午与你见面，了解一下你的工作进度，并讨论一下你遇到的问题，”那么，这时你是在对已分配的任务进行监控。监控是管理者的另外一个重要职责，监控可以使你了解进行培训的时机和及时获得反馈信息。

根据任务的数量和复杂程度，你可以使用已分配任务日志来监控所有的项目、任务以及部门内部职责。有些管理者在墙上挂上日程表，用非常形象化的方式来监控任务的进度。而还有些管理者是通过要求员工撰写进度报告的方式来对已分配的任务进行监控。

在监控过程中，要留意问题的早期信号。当你的下属遇到一个难以突破的障碍或者是工作进度落后的时候，你的介入是势在必行的。当然，你不希望看到你分配出去的所有工作都产生了必须要你亲自去解决的问题。如果这样，那就完全违背了你的初衷。因此，你需要用指导、鼓励以及增加资源等适当的方法来帮助他们依靠他们自己解决问题。提供帮助的时候，避免过于冒昧，尤其是对那些非常有独立解决问题愿望的员工，无须告诉他们“正确的方法”。牢记：完成任务比用什么方法来完成任务更重要。

事后评估

无论是对你还是对你的下属来说，完成任务的过程无疑是一次非常好的学习机会。你和你的下属要对正确的做法和错误的做法作出评价，同时还要思考是否可以用不同的，或者是更好的方法来完成任务。另外：

- 询问下属关于这次授权对于他(她)来说的效果？
- 肯定下属的成绩，并对于完成很好的任务提供积极的支持。
- 利用这次经验，并通过给员工提供持续的指导和必要的附加培训来继续支持员工的发展。
- 你应该确保你的员工由于他(她)良好的工作表现而得到适当的认可，不仅仅是被你认可，还有与他同一级别的同事，你的上级，以及客户等。

有效授权的几点建议

- 认可你的员工的能力。
- 注重结果——不要硬性地干涉完成任务所采用的方法。
- 利用授权来提高你的职员的技能，或者给予职员更高的管理职位。
- 总是向级别最低的下属来授权。
- 清楚地解释授权任务，并且要提供有助于成功完成任务所必需的资源。
- 向你的职员提供反馈信息，并且在他们犯错的时候给予他们支持。

小　　结

- 如果你被工作淹没而你的属下却没有，这时你需要实行更多的授权。如果你所授权的工作完成效果不佳或者没有按时完成，则说明你需要变成一位更有效率的授权者。
- 有效的授权者有一些相似之处。他们很清楚地知道他们想要完成的工作是什么；既分配乏味的工作，又要分配刺激的工作；同时还要谨慎地监控。
- 最好的授权方式是把一项工作完全交给一个人负责。这样，有利于建立这个人对于该工作的“所有权”。
- 不要把显而易见属于你的工作授权给他人——这不是授权，而是“大权旁落”。
- 面对面进行授权——而且总是要给予完成这项工作所必需的足够的权力和资源。
- 监控，如果被授权人偏离了正确的轨道，你要及时地介入。
- 利用事后评估来学习授权的经验。

经理人百宝箱

5 时间管理

5 时间管理

——充分利用你的一天

本章重点话题

- 分析一下你的时间是如何分配的
- 用关键目标来确定任务的优先级
- 排定任务优先级的方法
- “时间杀手”的应对策略

三个时间冗长的会议。至少十几个电话——这其中肯定存在着绝对是浪费时间的事情。原本定好与老板一起吃午餐,结果却在最后一分钟被取消了(“我们将时间改为下周二吧”)。有两个报告要写。为即将到来的向高级管理层进行工作汇报作准备。两名在工作上互相竞争的员工的摩擦开始升级。同时,下一年度的预算工作又要开始了。

这听起来是否像你的标准一天的工作日志一样？如果是这样的话,那么你的一天和大多数管理者一样——充满了各种各样的会议,琐碎的活动,中断,及时消除自然生成的小危机。本来这些都不是很难处理的问题,但是却有一个客观存在的事实是无法解决的:一天只有 24

小时。事实上，找到时间来完成他们的全部工作才是管理者面临的最大挑战。

本章节将帮助你如何充分利用你的时间。你将学到如何分辨哪些工作是最重要的，哪些工作是重要程度最低的，然后，帮助你找到将时间集中在完成重要的事情上，避免成为“时间杀手”的方法。

时间管理是通过对你和其他所有人都同样在每星期所拥有的168个小时的利用来控制你生活的一种方法。时间管理能够使你了解在你的职业生活和日常生活中，哪些东西对你来说是最有价值的，从而帮助你更有针对性地分配你的精力。掌握时间管理能够帮助你平衡因时间带来的诸多压力，从而帮助你达成目标。这种平衡可以帮助你避免精力耗尽和身负重压，从而使你的工作变得更有效率。

了解你是如何花费时间的

你的时间都到哪里去了？像你的家庭收支预算一样，如果你不了解自己目前的消费习惯，你就无法计划和控制你的时间资产。你花费多少时间在书面工作上？在会议上？用来打电话？用来出差旅行？准确地描述你的时间都花费在哪里，这样你就能够清楚地了解你的时间是被有效地利用了，还是被浪费在很多和目标无关的活动中。

为了解你的时间花费模式，尝试去记录你一天或者两天的活动日志，当然最好是一周。尤其要着重记录每项活动所花费的时间长度。当日志记录完成的时候，将这些活动进行分类：

- 打电话
- 已安排的约会
- 临时拜访
- 会议
- 管理工作
- 撰写和分析报告
- 出差旅行
- 休息
- 用餐
- 利用工作时间完成的个人琐事

在完成对你所记录的活动进行分类之后，你就可以分析出你惯用的时间使用特点。也许你习惯于在星期一早上花费大量时间来打电话，或者你往往是在午餐后接待“不速之客”的临时来访。还可能是本周的会议太多。那么，想一下，“这种时间使用特点是否和自己的主要职责相关?”如果，你从事的是销售工作，那么，花费大部分时间用来打电话是可以的，但是，如果你从事的是财务工作，那么就不太合适了。

管理者的时间利用方式

在亨利·明茨伯格(Henry Mintzberg)有关管理者的工作的经典文章中,他着重强调了现代管理生活的近乎狂乱的节奏,“很多研究表明,管理者的工作节奏是紧张的,他们的活动特点是:短暂,多种多样,并缺乏连续性,而且,他们好像更倾向于行动而不是沉思。”他们几乎没有时间坐下来安静地思考一下未来。相反,他们一会儿拿起电话,一会儿又放下电话,刚刚结束这个会议,又冲进另外一间会议室,忙于处理看来无处不在的问题。

和其他的管理者一样,首席执行官的可用时间也是高度“零散”的。明茨伯格发现典型的首席执行官在不同的股东之间按照以下比例来分配他(她)的时间:

董事	7%
同事	16%
客户,供应商,合作伙伴	20%
其他人	8%
下属	48%

资料来源:Henry Mintzberg,“The Manager's Job: Folklore and Fact,” *Harvard Business Review*, March-April 1990, 164, 169。

接下来,看看时间回报。你一定不希望花费50%的时间在回报很少的工作上。也许这些工作你可以授权给他人去做。认真想想你做的每一项工作是否支持你最重要的工作目标,还是说它们只是"时间杀手"。然后,想办法远离"时间杀手"。

让目标指导方法

目标对于有效的时间管理来说是至关重要的;目标指出了我们正确支配时间的方法。将注意力集中在你的目标上,这样,你就会知道每天,每周需要完成的最重要的工作是什么。目标会指导你辨别哪些任务值得你去花费时间,哪些任务不值得你去花费时间。在此,我们推荐用如下三个步骤实现用目标来管理时间:

步骤1. 把每项目标拆分成一系列更便于管理的任务。评估每一个目标,然后,列出达成这个目标所必需完成的任务的列表。按照正确的优先级顺序将列表中的任务排序。

步骤2. 估计完成每项任务所需要的时间。估计出的完成每项任务所需要的时间并不一定非常确切。但是,如果你以前完成过类似的任务,那么至少你可以拥有一个估计时间的重要依据。如果你接受的是一个全新的任务,那么就去请教你的同事,你的经理或者其他人,他们也许可以帮你估计完成任务所需要的时间。你可以在估计时间的基础上再预留出10%—20%的机动时间,以应对突发事件。同时,你还必须设定完成每项任务或工作的"最后期限"。对于更复杂的工作来说,一定要设立"里程碑",以便跟踪工作的进程。

步骤 3. 确定优先级。在你对你制定完成的任务列表感到完全满意之后,将列表中的任务按 A, B, C 的优先级进行排序。这个优先级代表每一项任务所支持的目标的重要程度。

A 优先级代表价值最高,最需要密切关注的任务。

B 优先级代表的是具有普通价值,需要一般关注的任务。

C 优先级代表的是价值最低,需要较少关注的任务。

当你仔细研究分析这些任务的时候,你会注意到有些任务要按照次序来完成,只有一个任务先完成了,下一个任务才能开始。例如,一个提供给高级管理层的重要报告可以按照以下次序来完成:

搜集资料→列出提纲→撰写报告→内部传阅,征求意见→提交报告

其他一些不依赖于任何特定任务的工作,可以在某个阶段的任务完成之前,或者之后的任何时间里来完成这些工作。记住,在你制定工作计划的时候要注意并谨记这些关系。

时 间 安 排

一旦把所有任务列出清单并且按照其重要程度排序完毕,你

需要以更系统的方式来处理它们。日程安排是系统处理时间安排的最好方法。日程安排是对在特定的时间内完成一项工作的承诺。日程安排可以使你的时间资源形象化,并有效地利用这些时间。日程安排可以让你看到你的时间是被充分利用,还是没有被充分利用。同时,你还可以看到优先级在前的任务中是否充斥了不重要的任务。

以下是各种日程安排工具:

- 工作列表
- 约会日程表
- 日计划和周计划
- 日程安排的硬件和软件(例如,个人电脑和个人数字助理(PDA)上的各种日程安排工具)

很多公司拥有自己的日程安排工具,你可以长期存放你的个人日程安排。而且,如果日程安排基于服务器,你甚至可以查看你同事的日程安排。如果这些日程安排可用,一定要利用。但是一定要谨记,日程安排是个人隐私;如果你们公司的日程安排不是很符合你的个人风格,那么,就去寻找其他的适合你自己的。

建立自己的日程表

制定你自己的日程安排,然后,将优先级最高的任务嵌入到未来的以日、星期,或者月为周期的合适的时间段。

可承诺量

对你是否还有能力去承担额外的责任或项目感到不确定？这里有一个能够帮助你的工具。

为了完成订单，制造商依靠总日程表来控制元部件和产能的供应与需求相匹配。总日程表遵循一种被称做可承诺量的工具。这个通常是建立在电子数据表上的工具能够清楚地显示在任意给出的时间周期内可接受追加订单的可用生产力。这个工具同样适用于个人工作时间表。

参考这个例子。阿斯特丽德（Astrid），一位自由作家，她目前为 5 位客户工作，因此，就有等量的书和文章要写。她已经在表格处理软件（Excel）里安装了“可承诺量”工具，并标明了她在接下来的 6 个月里为每位客户工作的工作总量（以“天”为单位）。当她的客户需要她的服务的时候，她估计出的完成每个客户的工作所需要的天数也在工具中标明。这样，这个工具就能够计算出她每个月的工作需求总量（总需求量），然后，从每个月的总工作天数（总生产量）中减去这个数字，最后得出的结果就是阿斯特丽德在每个月可以用来接受新生意的天数。在这个例子中，阿斯特丽德在 7 月计划工作 26 天，但是，她已经承诺为已有客户工作的时间为 24 天，因此，她留给那些需要她的服务的人的“可承诺量”就只有 2 天。

项目	7 月	8 月	9 月	10 月	11 月	12 月
客户 A	1		6			
客户 B		10				
客户 C	4	3				
客户 D	7		4	12		
客户 E	12	10	7	10		
总需求量	24	23	17	22	0	0
总生产量	26	25	19	25	24	20
可承诺量	2	2	2	3	24	20

对于时效的几点建议

- 当启动电脑，或者等待你要约见的人的时候，你可以打开你的信件。
- 把内容相同的工作，例如，回电话，约会，书面工作，以及开会等，在一个集中的时间段内完成。例如，在你的每天日程安排的某个时间段内完成打电话的工作。同时，列出一些工作，在偶有空闲的时候来完成这些工作。

每个人在一天当中都有精力充沛期和精力低潮期。例如，对于很多人来说，下午是精力的低潮期。需要创造力和智慧的重要工作应该安排在一天中精力最充沛的时候来完成。其他一些程式化的工作，可以安排在精力的低潮期来完成。

日程安排中应该只安排部分时间，你应该留出应对危机或者突发事件的时间。如果有可能，合并一些任务。在星期日程安排向前推进的同时，要将那些在星期日程安排中尚未完成的优先级在前的工作转移到日工作日程上来完成。当你的日程安排改变的时候，一定要记录下究竟发生了什么。如果你看到了一种趋势（例如，总是低估了完成任务所需要的时间），那么，你就需要修订你的日程安排中即将到来的那部分，并认真思考从中学到的经验。

一旦你制定完成了日程安排，你一定要按照你的日程安排去工作。无论是挂式日程表还是桌面日程表都应该放置在显眼的位置上；基于计算机的日程表应当放置在电脑桌面上。检查你每天的进程，看看你的工作是否在按计划进行。

使用任务列表

任务列表是最简单,最通用的一种日程安排工具。任务列表会列出这一天你所要完成的工作。很多人把任务列表和星期,或者月工作任务结合起来使用,而且许多电脑日程表已经嵌入了任务列表。一个有效的任务列表包括:

- 按照日程安排你需要参加的会议
- 你需要作的决定
- 你需要打给他人或者可能要接听的电话
- 你必须要撰写的会议记录,信件和电子邮件
- 前一天未完成的事情

任务列表的好处之一是你可以把你的任务列表中的任务拆分成具体的行动。例如,也许在你的日程安排中有一项任务是在星期二“回电话”,而你的每日任务列表就可以将信息详细到具体的人,如下面列表所举:

今 日 必 做

上午 9 点至 10 点,回电话

- 赫伯(Herb)——工作评估会议
- 胡安妮塔(Juanita)——薪资评估
- 大卫·金(David K.)——他的最近装船的货物

上午 10 点至中午,作预算

下午1点至3点，团队会议

最后敲定是否去伦敦出差旅行

你要非常真实地了解你一天究竟可以做多少事情？“基本原则”是把你认为你能够完成的事情减掉一半。每完成一项，就去除一项。

时间管理的三大敌人——如何打败它们

管理者有效分配他们的时间的能力是受诸多因素威胁的。例如，无法预测的危机就超出了他们的控制范围。然而，许多的时间管理问题都起源于个人的行为和习惯，但是，这两者都是可以改正的。这一部分阐述了三种由你自身带来的时间管理的问题和改正的方法。

超过限度

很多人——包括很多非常敬业的人，都会犯下这样的错误——使自己的日程安排超过自己所能承受的限度。也许你也是其中之一。他们承担新的职责，然后设法找出完成这些工作的方法。参考下面的例子：

哈维(Harvey)是一个努力工作的人，他总是非常有动力地去完成工作。他同样也非常愿意在必要的时候帮助他的团队去完成制定的目标。当这个团队的领导者说,“我们需要有人来为下一阶段的工作提出一些建议,”这时候,很多人就弯腰坐在椅子上,或者是开始低下头看自己的笔记本。当团队的领导者再次发问,“有人愿意来承担这项工作吗?”看到没有人站出来领受任务,哈维又一次站了出来。而且每次他所承担的工作都完成得非常出色。但是,问题却是哈维总是很难按时完成工作。

像哈维这样的人无疑是非常优秀的员工,但是他们拥有共同的问题:那就是,他们不知道如何说“不”。他们承担了过多的工作——而有些任务则是应该分派给其他人的。其结果就是他们的日程安排负担过重,导致他们不得不在晚上和周末加班——即使这样,很多事情还是无法跟上进度。

你和哈维一样吗?如果不幸你是,你需要明白做事“贪多”,对你生活的各个方面都会产生负面影响。你如果能做到以下几点,那么就能避免使你自己的负担过重:

- 清楚你的关键职责,将精力集中在你的优先级最高的目标和任务上;
- 学会授权,分配任务;
- 如果其他人没有完成工作,或者没有按照你的标准来完成工作,你一定要抵御住自己想要去“越俎代庖”的冲动;
- 不要自己承担所有需要完成的工作;有些事情并不是那么重要;
- 如果增加的职责威胁到了你的效率,你要学会说“不”。

当然,说“不”对于乐于助人,或者喜欢被看成团队成员的你来说并不容易。但是,如果不知道如何说“不”,那么,你将和哈维一样,永远无法按时完成所有的工作。

如果你明白你一定要说“不”的原因,那么,说“不”就会变得相对容易一些。你反过来去想说“是”所带来的令你按时完成任务的能力下降时候,你就会觉得你说“不”是多么的明智。当然,最大的挑战是当你能够更轻松地说“是”的时候,要学会在你的老板面前说“不”。说“是”在短时间内能够使你在老板面前保持良好形象,但是,如果你承担了所有任务,却使你的主要任务的完成进度受到了影响,那么,最后看起来你注定要像个失败者一样。

当你的老板要求在你现有的任务中增加新任务的时候,你可使用以下策略应对:向老板列出你目前正在进行的工作,然后,请你的老板来决定这么多工作,无论是你自己原有的工作,还是他给你加上去的工作的优先级次序。

承担下属的问题

管理者感觉时间紧张,压力增大,导致这种情况的一部分原因是因为“授权失败”。你可以参考第 4 章中的方法使自己成为一个更好的授权者。但是,还是有个别管理者会成为“反向授权”的受害者——他们允许下属把问题推回给自己。最后,他们往往承担了下属该承担的问题。

你是否发现你花费了超过适当限度的大量时间用来处理本应

该属于你的下属的问题。如果是这样的话，那么，你并不是唯一的。小威廉·翁肯（William Oncken Jr.）和唐纳德·沃斯（Donald Wass）已经在《哈佛商业评论》上发表的题为“时间管理：谁背上了‘猴子’？”（“Management Time：Who's Got the Monkey?”）[1]的经典文章中解释了这个问题。他们在文章中问到：“为什么管理者的时间总是很快用完，而员工们则常常没有工作可干？”他们的答案是，管理者总是无可避免把下属身上的“猴子”（问题）背在自己的身上。很快，他们就会被那些本应该属于他们下属的问题压倒。

对于下属来说，他们当然非常乐意，并且迫不及待想把问题转移到老板身上——毕竟，他们这么做可以减轻他们自己的工作压力。而很多管理者，正因为非常迫切地想帮助他的下属，所以才“容易上当”。但是，这并不是说管理者不应该帮助他们的下属。这只是意味着管理者应该帮助他们的下属解决属于他们自己的问题。正如翁肯和沃斯假设的那样，一位老板对他的一位下属说：“当会议结束的时候，你们每个人所带来的问题都会找到正确的解决办法。[2]”根据作者所说，下属可以到他们的管理者那里寻求解决问题的建议，此外，就只能是向管理者汇报他们的工作进度。这是个很好的建议。照此来做，你的很多时间上的问题都会迎刃而解。

可控制的“时间杀手”

所谓“时间杀手”就是阻止你去做那些对你来说更有价值和意义的任何事情。“时间杀手”对不同的人是不一样的。对一些人来说,“时间杀手”可能是和同事聊天;但是,对于另外一些人来说,聊天可以分享彼此的一些想法,或许还可以带来新的,有价值的东西。通常,“时间杀手”包括:

- 同事们在你的办公室内休息
- 没有特殊目的的拜访者
- 不必要的电话
- 不必要的书面工作
- 耽搁
- 组织拙劣和毫无必要的会议
- 可避免的出差旅行

你的“时间杀手”是什么?找出它们,然后再找出应对它们的办法。例如,如果你发现每个月的大部分时间都花费在差旅上,那么,客观地评估一下它们的价值。下次你出差去参加一个分公司的会议——或者做其他的工作——记录下你在没有价值的活动上花费的时间,例如,去机场的时间,在总站的等待时间,抵达你的目的地所花费的时间,回家所用的时间等等。然后,计算一下这些时间令你的公司所付出的成本。把这些成本和交通成本,住宿成本,用餐成本相加,然后,将这个总数和你这次差旅所产生的价值作个比较,看看是净收益还是净亏损?然后,仔细思考一下,如果没有这次差旅,你创造的价值能有多少?

很多管理者认为差旅是必须的。在大多数情况下,这是对的,但是并非所有情况下都是如此。许多通过差旅创造的价值,通常可以通过成本较低的电话会议,或者视频会议来实现。

你可以把同样的逻辑应用在其他的“时间强盗”或者“时间杀手”上，例如，会议。如果你和其他管理者一样，将 30 %— 50 %的时间花在开会上。那么，这些会议中又有多少是真的不可避免的？又有多少是必须要你亲自参加的？你的下属是否可以代你去开这个会？而即使是那些不可避免的会议，你又有效地利用了你的时间吗？

集体讨论一下，看看哪些“时间杀手”是我们可以减少或者消除的。如果你很好地完成了此项工作，那么你就可以释放大量的时间。你可利用这些时间去做那些更重要的工作。

摆脱“时间杀手”小窍门

办公室里充满了许多使人分心的事情。有一份今天的《华尔街日报》要读。来自同事和朋友的电子邮件需要回复。与同事在咖啡机旁边交谈。当然，还有互联网。这些都是干扰你去做真正需要完成的工作的事情。

有一个简单但是非常有用的消除这些不必要的使人分心的事情的方法——很多销售人员和管理者长期使用这种方法，并取得了非常好的效果。把这句话贴在你的电话控制台上，桌子上或者你的电脑显示器上：

我刚刚在做的事情正在将我向我的目标推进吗？

这条简短的信息常常能够使你的注意力重新集中到重要的事情上。

小　结

- 持续记录几天的活动日志来确定你的时间分配模式。将你的日志分成以下类别：会议，电话，出差旅行和其他。然后，在模式和回报之间建立一致性。
- 利用目标来指导时间分配。这就意味着设定优先级。
- 一旦你确定了优先级，利用日程安排工具来安排你的任务，例如，每日工作计划，或者每日任务列表。
- 在你的日程表中要为处理突发事件留出时间。如果没有突发事件发生，那么，把这些时间留给其他优先级在前的工作。
- 很多管理者在时间管理上的问题是他们自己造成的。一个是超过限度，或者自愿去做更多的超过自己处理能力的工作。另外一个就是“反向授权”——承担了下属应该承担的问题。再有就是各种“时间杀手”，例如，耽搁，可避免的出差旅行，组织得拙劣或者是不必要的会议。

第二部分 到达下一个高度

经理人百宝箱

6 团队管理

6 团队管理

——建立一个与众不同的团队

本章重点话题

- 什么时候和为什么要使用团队
- 有效团队的特点
- 如何设计一个多产的团队
- 像一个团队那样工作
- 有效地领导一个团队
- 解决团队问题,评估团队表现,并根据表现进行奖励

个人是大多数创新想法的源泉,但是,由在一起工作的人组成的团队则往往是一个组织把想法变成可销售的产品和服务的最好的方法。想法固然重要,但是,实现想法的商业流程也同样重要。你是否拥有一个效率不高的客户服务流程?一个组成适当的团队比任何个人(包括你在内)都更可能找到并实施一个解决方案。

许多公司为完成各种目标已经扩大了他们对团队的利用范围:新产品开发,流程再造,专业服务交付,新技术

引进，重新振兴处于下滑趋势的业务，建立电子商务基础架构。团队可以创造奇迹，但是，如果团队的设计不当，成员构成不当，以及运营不当，那么，这样的一个团队反而会阻碍工作的进程。

如果你是一位新上任的管理者，或者是一位经验丰富，但是缺乏团队工作经验的人，那么，加入到一个团队中能够使你取得很大的进步。如果你是团队领导者，那么，你很快就会发现你的行为绝对不能像老板一样。那你的行为应该是什么样呢？如果你是团队的成员，你必须找到一种合作的方式来为你的同事们作出贡献和支持他们。你如何才能做到呢？本章将回答这些问题，并且使你获得一个好的开始。本章阐述了基于团队工作的基本要素和你如何利用团队来取得优势的方法。

团队——什么时候使用团队

什么是团队？一个首席执行官将他周围的人称做是“我的团队”。即使是“第一线”的管理者也常常谈到他们所管理的“团队”。这些是真正的团队吗？还是简单的通过普通报告排序组织在一起的个人？个人组合在一起未必就是真正意义上的团队；团队是几个拥有互补技能的个人，为了一个共同的任务目标，同时又承担共同责任的一个群体。

如果组织面临以下情况的时候，团队是非常有用的：

- 一个任务的完成，需要不同的知识、经验以及观点的组合，而这种组合，在单独的个人身上是无法找到的
- 个人的工作必须是非常独立的
- 任务或者项目最终将产生已定义的可交付的使用结果
- 手头工作发展不下去，机会要停止不前了

你遇到过以上这些问题吗？如果你遇到过，那么，组建一个团队可能才是正确的解决方案。如果没有遇到，那么团队也可能使正常的工作进程变得更快，更容易。参考下面的例子：

无论是“Gizmo产品公司”的管理者，还是员工都认为现在是到了升级自己网站的时候了。网站外观过时，顾客发现操作起来不是很方便，更为重要的一点是网站的基础架构已经远远不能满足公司高速发展和变化的需求。

首席执行官的第一想法是从咨询公司聘用一个咨询小组来承担这项工作。但是他很快意识到，每一个职能部门对于设计和建设公司的新网站都有各自的“关注点”：营销和市场部门，客户服务部门，IT部门，物流部门，各个产品组，甚至财务部门。每一部门，都会提出和他们自己相关的网站修改要求。

看到了不同部门的“关注点”对于新网站的影响，首席执行官决定召开经理会议，要求他们建立一个公司内部的

领导工作小组，在保持一致性、整合性的原则上，来承担这一跨部门的项目。这个团队被授权寻找和聘用合适的电子商务顾问，确定目标和新网站的标准，然后开始落实。

以上所指的这种团队优势，来自于团队成员的综合技能、创造力以及经验。同时，其优势也来自于内部的可以持续帮助解决问题的持续交流机制。另外，如果要完成的任务相对比较简单，且无须很多种技能，一个传统的由某位管理者带领的"工作小组"就可以了。

有效团队的特点

如果根据你目前的情况分析得出建立一个团队是你完成目标的最好方法，那么，你最渴望做的就是挑选团队成员，并且让他们开始着手工作。

管理学者和管理顾问在过去10年或12年的时间里广泛研究了团队组成以及团队行为。他们在关于有效团队的特点上取得了大量共识。本章利用最好的管理学著作来阐述了所有成功的团队所具备的特点：

- 能力——每一个人都带来这个团队所需要的东西
- 一个清晰且带有强制性的目标
- 对于共同目标的承诺
- 团队成员人人贡献；团队成员人人获益

- 有支持力的环境
- 组合

能 力

你一定非常熟知这句话:“一个链条的坚固程度,取决于其最薄弱的一环。”对于团队来说,这句话的道理同样适用。一个高效的团队,是由每个人的核心能力链接而成的一个链条。智慧、知识、组织影响力、经验、技术诀窍,这些能力都是链条中不可或缺的环节。如果其中某项能力薄弱,它们应该马上增强——当然,很多时候,团队是在边学习边前进。无论缺乏哪种“能力”,都应该马上补充。

很多公司,错误地根据组织成员的职位和头衔来组建团队。有人会出来提议,“你如果不将苏珊(Susan)纳入团队,她会不高兴(或者忌妒),”或者,“西蒙(Simon)是全国销售经理,一定记得让他加入团队。”遗憾的是,无论是苏珊潜在的忧虑,或者是西蒙的头衔,都不是吸纳他们进入团队的充分理由。如果你是位团队的领导者,你给大家布置的任务非常明确:在10个月内设计出一个新产品的生产线,或者每年降低100万美元的生产成本。苏珊的挫折感不是你最关心的问题。同样,西蒙也许能够贡献非常重要的技术和组织能力,但是,他作为全国销售经理的职责使得他必须将大部分时间用在差旅上,这就使得他的这些能力并不能给你的团队带来太多的好处。你的团队所需要的是那些能够并愿意为团队的成功发挥关键作用的人。

清晰的共同目标

你是否曾是一个对于目标没有明确想法的团队或项目组的一分子？是否不同的成员对于最终的目标有着不同的想法？如果你曾经有过这样的经历，那么或许你能够了解这些小组难以取得成功的原因。一个成员对这个团队的目标有着一个想法；另外一个成员有着一个相似，但是略微不同的想法。当团队成员不能达成一个清晰、共同的目标的时候，这个团队几乎不可能取得成功。此外，当发起并成立这个团队的管理者对于想做的事情不够清楚，或不够明确的时候，这个团队绝对不可能取得成功。

有说服力的目标

清楚团队的目标是非常重要的，但这是远远不够的。目标必须有足够的说服力。团队的成员必须将目标看作是紧急的，非常重要的，而且值得去努力的。缺乏有说服力的目标，一些团队成员将不会使自己的个人目标服从于团队的目标；他们也不会认同团队，或者团队的目标。

对共同目标的责任感

对目标达成共识是非常重要的，但是真正有效的团队会走得更远。这些团队由那些愿为目标奉献的成员组成。在理解和责任感之间有着很大的区别。理解确保团队成员了解工作的发展方向。责任感则能够激励团队成员去完成工作，并在工作陷入困境的时候继续努力工作。

团队的本质就是为实现目标而共同承担责任。这意味着每一位团队成员都必须重视目标并为之努力。几乎在所有的案例中，责任都来源于对共同目标及彼此义务的感知。

以下几件事可以提高团队成员的责任感：

- **保持小规模团队。**团队规模和团队成员的责任感之间呈一种反向关系。
- **集中工作地点。**团队成员之间需要定期见面并相互交流。工作地点集中，则最容易实现这一需要。视频会议和电子邮件对于集中的工作地点来说只是勉强的替代品，因为凝聚力的加强通常依靠频繁且直接的联系。考虑一下为团队活动提供的“团队空间”的作用。
- **认可努力与成就。**确定团队和团队的成员都因为成功而获得荣誉。不要让老板或团队的领导者占有全部的赞誉。
- **牢记，责任感通常是随着团队工作的进行而增强和加深**

的。如果在开始的时候没有，那么就耐心等待吧。

不要混淆共同责任和群体适应性。人们之间的融洽相处远远没有他们非常配合地在一起工作，并将工作很好地完成重要。拥有一个所有人都重视的目标能够克服群体的不和谐。

人人贡献——人人受益

你是否参加过赛艇队？如果你曾经参加过，那么你应该知道赛艇上的每一位队员都必须以相同的力量来划桨，而且必须保持与其他人一样的速率。“懒鬼”在这里没有任何生存的空间。工作团队与此非常相似。成绩依赖于每个人的贡献——朝目标驶去。那些个别的不干活的团队成员只是来参加会议并发表他们的意见，而他们这么做会使工作成绩和队友的积极性下降。团队成员的价值必须从实际工作中才能获得。这就意味着“搭便车”的行为是不能被容忍的。

这并不是说每一位成员都必须在团队的行动中投入同等数量的时间。例如，一位高级管理者可以是一位合格的团队成员，尽管他（她）的大部分注意力要分给其他的职责。个人贡献既可以是在组织内部为团队获得资源，也可以是提供给团队必要的支持。

团队的领导者也必须完成一些实际工作——包括分担一些令人不太愉快的任务。他（她）不可能在成为团队成员的同时又表现得像一位传统的老板，将所有的任务都分配给他人去做。因此，对于团队的领导者来说就存在着角色模糊的必然要求，因为团队的领导者必须在一段时间内扮演领导的角色，而在其他时候则扮演成员的角色。

就像每一位团队成员必须为团队的工作作出贡献一样，每个人也应该得到相应的奖励。奖励可以有多种方式：从事有兴趣和有意义的工作的精神奖励；能够为未来的事业带来好处的经验；工资以外的奖金。缺乏明确的奖励，个人贡献就不会太多——至少不会持续很长时间；从日常工作中得到的奖励会比团队职责更加吸引团队成员的注意力。

支持性环境

任何团队都不能与世隔绝、独立操作。每一个团队都是被由各种运营单位和职能部门所组成的大环境紧紧包围的一个小组织。团队在不同程度上依靠这些相关的组织来获得资源、信息和帮助。而这些相关组织对团队及其目标的支持，冷漠或者敌对的程度一定会对团队的效能产生影响。因此团队的创建者特别需要考虑环境因素：

- **领导支持。**来自上层领导的支持是必须的环境因素。这种支持确保团队能够获得各类资源，并招募到合适人才。有权力的管理者和部门可能出于各种原因破坏团队的工作成果，而领导支持所提供的保护能够使团队免受这种破坏。
- **无等级结构。**不遵从严格的等级结构，这样，团队的工作更有可能取得成功。

- **适当的奖赏制度。**那些刚刚开始团队式工作的公司需要在团队开始工作前检查它们的奖赏制度。这就意味着要在个人成绩奖赏和团队成功奖赏之间找到一种不同的平衡。
- **团队工作的经验。**当团队所在的公司和团队的个别成员拥有大量团队工作经验的时候,团队就能从中获益。经验能够使你了解什么起作用,什么没起作用,围绕目标的最好组织方式和如何在团队生命期内的不同时期改变团队。

协调一致

协调一致是指在计划、成果、奖赏与组织的最高目标之间达成一致。在一个合作密切的组织里,每一个员工都了解公司的总体目标和所在部门的目标;每一个员工都在正确的指导下工作——而且奖赏制度也鼓励他们这么做。

团队同样需要协调一致。团队甚至不应该存在,除非它能够帮助组织以最好的方式实现目标。这就意味着,团队的目标应该与组织的目标保持一致。同时也意味着团队成员的个人目标,应该通过团队与更高的组织目标保持一致。而奖赏制度应和每个人的成就保持一致。

设计团队

拥有成功团队的最好保证就是从团队的设计开始——团队的设计应该在招募团队成员以及团队行动开始之前进行。在你没有仔细考虑重要细节之前,你是不会开始房子的建造工作的:房子应该有多大?谁是建筑这座房子的最佳人选?能否给房子连上城市的给排水系统?建造房屋的预算是多少?一个团队的建立也应该通过类似的计划与设计。这样可以避免日后的许多问题。一旦确定了团队目标,就要考虑以下关键的设计元素:

- 明确团队的目标、权力和存在时间
- 确定角色和职责
- 确定奖赏制度
- 选择团队成员

明确团队的目标、权利和存在时间

在团队成立之初,需要制定团队目标,这样所有的工作都可以围绕这个目标展开。这些目标应该是明确的、现实的,还应该具有挑战性,同时,一些目标应该能够在短期内实现。团队的目标还应该与上层组织的愿景和价值一致。

一些团队仅仅承担了为管理提出建议的工作,而另外一些团队则被授权来制定并执行决策。当必须作出一个运营决定的时候，不可能每次都期待着由团队的领导者来处理。团队的领导者和成员必须了解各自的权界。

最后，团队必须设定一个时间框架，并在这个时间框架内来完成目标。一些团队没有明确限制的生存周期。例如，一家制造工厂的每一条生产线都拥有一个永久的过程控制团队。其他的团队则被设立明确的时间框架。例如，一个团队承担建立一个电子商务网站的任务，而完成任务的时限是不迟于当年年底。无论在哪个例子中都明确地规定了达成目标，或产品交付使用的时间表。

角色和职责

团队发展的一个基本要素就是明确角色和职责。谁将成为团队成员，他们的职责是什么？以下是一些典型的角色和职责：

- **团队发起者。**担当这个角色的通常是向团队授权并支持团队行动的管理者。团队的发起者在团队的工作中只是扮演一个间接的角色。
- **团队领导者。**团队的领导者促进团队的发展，保证团队的资源，确定（如有必要）特殊的团队奖赏。团队的领导者可以是单独的一个人，也可以是不超过三个人的委员会。
- **团队成员。**团队的成员去完成大量的实际工作。因此，全体成员必须拥有完成工作所需要的所有技术和经验。（详见下面的“团队成员的挑选”）

- **协助人。**拥有一名培训师或者顾问，使其帮助成员更有效地协同工作，通常能够使团队获益匪浅。

这些角色的分配是可以定期轮换的。有一些甚至可以被共享。

确定奖赏制度

在团队成员之间的价值交换应该是公平的。团队的奖赏制度，如果没有严格限定，将会随着上层组织的报酬计划而变动。允许团队拥有特殊的奖赏制度使团队设计者面临着进退两难的局面；应该将奖赏的重点放在个人贡献，还是团队表现上——对他们来说是个挑战。对个人太多的奖赏可能对团队工作产生消极的影响。另一方面，如果专门基于团队的表现进行奖赏，可能引起“搭便车”的问题——允许没有贡献的团队成员来分享由那些完成所有工作的团队成员创造的奖赏。基于团队的奖赏同样可能激励团队成员只是尽全力完成对团队而不是对组织来说最好的事情。

团队奖赏的诀窍

在构架团队的奖赏制度的时候，谨记这些诀窍：

- 牢记，奖赏不是团队绩效管理的最重要的因素。
- 在团队目标方面体现出激励性。
- 激励性报酬的数量必须是有意义的。
- 使激励与任务的价值相匹配。

资料来源：Loren Gary, “How to Compensate Teams,” *Harvard Management Update*, November 1997, 3。

由于文献资料并没有揭示任何奖赏团队成员的“正确的方法”，许多公司采用了一种个人和团队目标混合的方式，其中包括用于认可个人贡献的特定的奖励，和收益分享——使参与者有机会来分享通过团队努力而创造的价值。

选择团队成员

这可能是团队设计里最棘手也是最重要的部分。不能选择合适的成员，团队几乎无法取得成功。在选择团队成员的时候，挑选那些能够贡献多种相关技能的人。

尽管拥有多种技能的理想人选会随着团队任务而变化，但是，所有的团队都需要融合技术与职务的专长，其中包括解决问题和制定决策的才能、人际交流技巧和团队技巧。谈到团队技巧，寻找知道如何去做到以下几点的人：

- 在群体中大声讲话；
- 当他们的时间已经完全利用的时候，敢于对要求说“不”；
- 发表并接受有建设性的反馈，无论是积极的还是消极的；
- 对权威者提出要求，例如提出组织支持的需要；
- 谈判；
- 对自己的行为负责。

团队应该拥有多少名成员？理想的团队成员数量取决于团队的目标和为实现这些目标而必须完成的工作。但是，这并不意味着人数越多越好。通常，当任务复杂而且需要特殊技术的时候，小团队(5 至 9 名成员)往往是最有效的。如果任务相当简单,大的团队(多至 25 名团队成员)才是最有效的。大团队的关键问题——除了团队成员的奉献精神削减以外——是如何协调一致。想想看,为 5 个人找到一个合适的开会时间都是困难的,更何况是在 25 个人中间找到一致呢!

制定团队的章程

在书面形式的章程内清楚地表达出团队的目标,存在时间,任务和团队运作的其他元素无疑是个好主意。在规章内应明确以下几点:

- 团队的执行负责人;
- 团队目标的简要描述(可交付使用的);
- 计划进程;
- 领导的任务;
- 成功的衡量标准;
- 团队的可用资源。

团队中的每一个人,以及公司内部相关的管理者,都应该熟知这个章程。

团队的大小不是必须固定的。例如,在项目的有效期内,不同时期可能需要不同的技术;从而有必要增加或者减少团队成员。

团队的运作

好的设计能够帮助团队拥有一个良好的开始——但是却不能确保成功。成功是团队成员协同工作,朝着既定目标努力的结果。

协同工作是最大的挑战。但是，同样有很多的日常琐事需要去做。区别优先级次序就是其中之一。当有许多目标的时候，团队必须确定优先级。哪些目标需要优先处理？如何分配有限的人员、时间和资源？

日程安排是另外一个运营职能，能够帮助团队在限定的时间内完成任务。日程安排应该解答以下问题：

- 必须完成哪些任务？
- 完成一个特定的工作将花费多长时间？
- 每项工作必须按照什么发生顺序排列？
- 每项工作的具体负责人是谁？

有一些软件，例如微软公司（Microsoft）发行的"微软项目管理者"软件，能够使一个拥有很多任务的团队的日程安排更轻松，更完善。

同样，还存在着如何作出决策的问题。团队必须明确由谁（团队领导者，团队，团队中的个人）来作出决策和作出决策的方式（一致同意，大多数人同意）。作出决策的人和作决策的方式如何紧密地联系在一起？这里有四种可行的方法：

- **多数票裁决。**团队成员开会讨论，然后进行投票。如果决策的支持率超过了50%，则采用该决策。
- **一致同意。**所有团队成员必须一致同意所要采用的决策。如果没有达成一致意见，那么团队必须制定新的方案。
- **小组决定。**选择由具有相关经验和技术的个人组成的小组来作决策。
- **团队领导者决定。**团队的领导者收集来自团队成员的信息，然后作出决策。

在这些方法中，每一种方法都有各自的优缺点。例如，如果团队的成员高度参与决策的制定过程，他们可能会在实际工作中更加支持这项决策。因此，一致同意和多数票裁决的方法能够有助于建立团队的责任感。然而，这些方法都需要时间——很可能这个团队没有时间。如果时间是个问题，那么，不同类型的决策考虑使用不同的方法。使用"团队决策"方法中的一种来制定对于团队成员来说非常重要的决策，至于其他的，则使用一种更有效率的方法。

像你可能认为的一样，团队的发起者和团队的领导者扮演了决定如何决策的角色。例如，领导者可以单方面地保留在关键预算决策上的控制权。

领导者的角色

任何团队都需要一名领导者为其提供精神动力，联络团队与组织的其他部门，以及承担团队发言人的角色。有时，团队的发起人同时可以担当团队的领导者。其他情况下，团队的领导者则通过团队的成员选举产生。如果你是一位管理者，可能你会发现你自己在某个时间段所扮演的正是领导者这个角色。

团队的领导者必须做那些其他的领导者一直在做的事情：保持更高的目标清晰可见，并使员工在正确的轨道上向目标前进；提供必需的资源；激励员工；当团队遇到问题的时候，帮助团队"脱离困境"。

处理问题

团队可能因为多种原因而“陷入困境”。一些团队成员的方向感,或责任感可能被削弱。其他一些团队成员可能将他们的个人利益凌驾于团队和团队目标之上。关键技术的缺乏可能会暴露出来。或者,团队成员之间的争执可能破坏小组的凝聚力。

幸运的是,领导者有多种使团队“脱离困境”的方法可以使用。例如,领导者可以让团队以章程为中心来对团队的目标,方法和绩效目标进行反复讨论。他(她)能够解决团队成员之间的冲突——甚至能够将没有贡献或引起麻烦的个人驱逐出这个团队。至于处理其他的团队问题,请参见表6—1中的“团队问题解决指南”。

表6—1　团队问题解决指南

问题	特征表现	试试这个
不健康的冲突	● 针对个人的抨击和讽刺 ● 争论 ● 缺乏对他人的支持 ● 挑衅的姿态	● 终止针对个人的抨击和讽刺;使他们直接面对面 ● 要求团队成员专注于行为表现而不是抨击性格 ● 为争吵性讨论创建执行标准

问题	特征表现	试试这个
难于达成一致	● 把持坚定的立场 ● 没有新信息的同一争论	● 寻找更小的一致区域 ● 询问为了达成一致而需要做的事情 ● 讨论没有达成一致的结果
团队缺少沟通	● 一些团队成员打断或试图说服其他成员 ● 一些团队成员保持沉默 ● 问题被暗示，但从未正式提出	● 创建适用于讨论的小组标准 ● 积极地恳求意见 ● 考虑外界的帮助
缺乏参与	● 没有完成任务 ● 寥寥无几的参与者 ● 在会议上缺乏活力	● 确保领导者期望大众参与的想法被广泛地接受 ● 询问为什么参与率这么低 ● 评估团队成员与他们的任务之间的合适程度
没有进展	● 会议似乎是“时间杀手” ● 没有按时完成工作项目 ● 继续重复已结束的问题	● 重申目标，评估剩余的工作 ● 通过询问团队成员来确定工作没有按时完成的原因；集体讨论解决方案 ● 将团队成员从完成的问题推到下一个阶段

问题	特征表现	试试这个
不称职的领导	● 领导者没有提起团队成员的贡献 ● 领导者从不授权 ● 缺乏远见 ● “近视的”领导只代表众多支持者中的一位	● 与领导者见面并讨论认识到的领导能力不足 ● 自愿去分担工作量 ● 尽力争取在远见上达成更多一致 ● 将未解决的领导问题拿给团队的发起者

资料来源：改编自 Harvard Business School Publishing “Teams Guide”。

当领导者成为问题的时候

在这里提出警告，团队的领导者在某些情况下能够成为问题的根源。为什么是这样？因为许多的团队领导者是管理者，他们容易犯以下两种错误中的一种。第一种错误是继续扮演传统老板的角色，告诉团队该做什么，如何去做。第二种错误是认为他们已经“授权”给团队，不用再去干涉。这两种方法都不是有效的。

哈佛教授理查德•哈克曼(Richard Hackman)基于他的研究认为，团队的领导者必须在作为老板和授权给团队成员之间保持一个适度的平衡。实际上，这意味着领导者必须清楚地说明团队的目标来保持团队的正常运作。但是，在实现目标的方法之外，还必须给予团队成员做决策的权力。只有团队成员真正拥有了权力，他们才能起到一个团队的作用。

资料来源：“Why Some Teams Succeed (and So Many Don't),” *Harvard Management Update*, January 2000, 5。

评估团队绩效

像其他工作一样,团队的绩效也应该被定期评估。传统的绩效考核通常基于结果或产量:例如新产品的生产数量,或者每天接听消费者电话的数量,等等。团队的绩效考核同样应该评估结果。但是,应该更进一步,评估团队在实现这些结果时使用的方法。用来实现结果而使用的协作过程也是团队绩效考核的一个重要指标。因此,下面这些绩效因素被分成了两个同等重要的类别:结果和过程。

结果因素:

- 团队目标的达成
- 消费者满意度
- 工作完成量
- 必需的工作知识和技术

过程因素:

- 团队过程支持和团队的责任
- 参与的程度和领导能力
- 团队内部和代表团队进行的口头和书面的交流
- 协作
- 冲突的解决
- 计划和目标设定
- "双赢"决策的制定

- 解决问题和分析技术的应用
- 对意见一致的方法和步骤的坚持
- 项目管理技术的应用(例如,预算和日程安排)
- 建立并维持人际关系

团队评估方法

有很多衡量团队是否成功的方法,而这些方法又在复杂性,成本和时间要求方面大不相同。你应该为一个任务量大而且将对组织的绩效产生重要影响的团队考虑一个详细的方法;对于任务量小的团队,简单一些的方法就能够完成评估工作。这些方法包括与其他相似组织中的团队相比较的基准点,与最初的目标和日程安排对照来评估团队进展,外界顾问的观察报告,甚至通过任务报告会议来确定哪些工作进行得顺利,哪些工作进行得不顺利。

团队成员评估

评估不应该仅仅只针对于团队整体;也应该延伸到团队中的每一位个体成员。如果团队参与是员工工作的重要部分,那么就应该对他(她)的个人贡献进行评估。(注意:在第 7 章,“评估和指导:用反馈来提高绩效”中阐述的许多概念可以应用到团队成员的评估中。)

牢记,团队中的个体成员事实上扮演着很多角色:个人贡献者，团队成员，更大的组织的成员。因此，在绩效评估中，可以融合以下方法：

- **同事评估法。**团队成员之间互相评估贡献。
- **消费者满意度评估法。**利用内部和外部的消费者满意度来评估团队和团队中的单独成员的成绩。
- **自我评估。**团队中的每一位成员为自己进行评估。
- **团队领导者评估。**由作为团队领导者或者主管的你对团队中的个人成绩作出评估。

成为一位有效的团队领导者

我们已经研究过了在团队工作中的领导者的角色，但是，以更近的距离考虑这个角色和让作为管理者的你成为一位更有效的团队领导者来结束本章是最合适的。

传统的管理者扮演着很多角色：决策制定者，授权人，主管，他人工作的日程安排者。你可能习惯了这些角色。从另一个角度出发，当你成为团队领导者的时候，你所扮演的角色更像是一位“教练”。在一个跨职能的团队中，你不会是“专家”，而必须依赖于他人的专业技能。因此，你可能发现有意识地将你的中心从命令转变到帮助是非常有用的。另外，你会发现工作中少了命令的权力会使你享受到比管理者更多的乐趣。这就意味着你必须去授权于他人来解决问题和制定计划。

因此，如果缺乏管理者常用的技巧和手段，你又怎么可能成为一位有效的团队领导者呢？这里有几点建议：

- 成为发起者。采取行动和方法来促进团队的发展和提高团队的绩效。
- 成为他人的模范。利用你自己的行为来为团队设定期望值。
- 成为优秀的“教练”。担当顾问、指导者、导师来帮助团队成员提高绩效。
- 在团队和其他小组之间起到促进沟通和协作的作用。
- 成为团队成员之间冲突的调停人。

做好这些事情，团队的成功几率将会大大提高。同时，像其他的事情，你做得越多，你的团队领导能力就会越高。

小　　结

- 当组织面对需要特殊的知识或技术的任务，当工作需要高度协作，当存在明确规定的交付使用期限，当任务拥有一个终点的时候，团队无疑是非常有用的。
- 能力、责任感、共同的目标、所有成员的贡献、可塑性结构、支持的环境以及协调一致性都是有效团队的特点。
- 团队补偿机制的最大挑战是在团队奖赏和个人奖赏之间找到适当的平衡。
- 由于使用了奖赏制度，因此，团队绩效的评估必须考虑团队的成绩和团队中每个成员的成绩这两个方面。

- 团队成员的选择是团队设计的最重要的部分。寻找那些融合了技术与职务的专长、拥有解决问题和制定决策的才能、拥有人际交流技巧和团队技巧的个人来组成团队。
- 团队的领导者通常缺乏传统管理者的权力。因此，他们的有效性就依赖于他们的发起行动、模范表现、促进交流与协作以及调停冲突的能力。

经理人百宝箱

7 评估和指导

7 评估和指导

——用反馈来提高绩效

本章重点话题

- 绩效考核
- 做好绩效考核的 8 个步骤
- 指导以求得更好的成绩

你的员工正在做的工作是否令你满意？是否一些员工未能完成目标？如果是这样，你知道其中的原因吗？这些员工自己知道原因吗？他们是否意识到自己的工作并没有满足你的期望值？

许多公司利用定期的绩效考核来评估员工的工作。这只是包括奖赏、培训与指导、职业规划在内的大绩效管理系统的一个部分，但是，却是非常重要的部分。本章的上半部分将为您阐述如何进行绩效考核，并提供了正确完成绩效考核的 8 个步骤。在本章余下的部分则阐述了一个相关的行为——如何通过指导来提高绩效。这两个行为为管理者和下属员工之间互相反馈提供了机会——反馈关于哪些工作进展顺利，哪些工作进展不顺利，哪些帮助将使员工受益和如何改善他们的工作关系等问题。反馈也是必要的管理元素之一。[1]

绩效评估

针对既定的工作目标,绩效评估是评定员工工作好坏的标准方法。它的最终目的是与员工沟通其个人目标,鼓励优异表现,提供反馈和纠正不良表现。

绩效评估通常每年进行一次,而且必须是连续的。这就像你的医生对你进行身体检查一样,这种年度的评估能够使管理者和公司有机会在问题变得更加严重之前发现这些绩效问题。绩效评估同样有助于员工和管理者将注意力集中在能够对薪水、价值提升和职位晋升产生影响的工作目标和成绩的期望值上。绩效评估引发的相互反馈已经成为管理者与下属之间关系的一部分,而评估会议则是当前进行的反馈的确认和形式化表现。

绩效评估并不是普遍受欢迎的。成绩出众的员工可能喜欢绩效评估,因为知道自己会从他们的老板那里得到肯定。"干得不错,艾伯克龙比(Abercrombie)小姐,照例,你达到或超过了你的全部工作目标。真希望我们能多拥有几个像你这样的人。"其他大多数员工则对绩效评估充满了忧虑,因为害怕会得到与从八年级老师那里得到的一模一样的成绩单:"敬爱的琼斯(Jones)先生:吉米(Jimmy)很聪明,但是,他没有完全发挥出他的潜力。”人们都不希望听到别人说自己不够出色。

忙碌的管理者也不是特别喜欢绩效评估,通常是出于以下两个原因。第一,几乎没有管理者喜欢当面对人们说他们的工作没有很好地完成。第二,对每位下属进行绩效评估要消耗大量时间——准备工作,执行,文件整理,而且年年如此。而时间是所有管理者最珍贵的资源。

诚然,绩效评估有时确实令人感到不自在而且消耗时间。但是,当用正确的心态着手这项工作并很好地完成的时候,绩效评估的结果是相当有价值的。如果管理者的主要职责是通过用人来取得成果,那么一个评价人力资本的系统评估方法是绝对必要的。除了了解员工的成绩之外,绩效评估还给管理者提供了以下机会:

- 向下属清晰地揭示工作目标;
- 提供及时的反馈来提高生产力;
- 帮助组织在报酬、发展和晋升等方面作出正确的决定;
- 保护组织避免由那些被解雇、降职或者未给组织带来新贡献的员工所引发的法律诉讼。

有效评估的8个步骤

完成绩效评估没有“唯一正确的方法”。每一家公司都有一套建议程序，而每一位下属对进行考核的管理者来说都是不同的挑战。尽管如此，有效的执行通常包括按照以下顺序提出的 8 个步骤。

第一步：作好准备。像所有的工作一样，绩效评估从准备中受益——既包括员工的准备，也包括管理者的准备。管理者和员工的任何一方或双方，如果没有认真思考前几个月中发生的事情就去参加绩效评估会议，那么根本就达不到考核的目的。

让我们首先来考虑员工方面。员工参与评估进程的每一个阶段是非常重要的，这样事情就可以全面地拿到桌面上进行讨论了。使员工参与评估的最好的办法之一是让员工进行自我评估。在多数情况下，人力资源部门会为员工的自我评估提供一个清单。这个清单中包括了员工的工作目标、工作表现和相关职责。（注意：这些目标应该是在员工的评估阶段开始之前制定的。）

在自我评估中，员工对照工作目标来评估自己的成绩。如果，你的人力资源部门没有提供类似的清单，你应该要求员工在自我评估中回答以下几个问题：

- 你的工作目标完成到什么程度了？
- 某些目标是否超额完成？
- 是否有哪些特别的目标难于完成？
- 什么事情阻碍你顺利完成工作目标：是缺乏培训，缺乏资源，还是缺乏管理指导，等等？

自我评估有两个重要的好处。第一，使个人参与进来。这种参与为评估过程建立了一种合作的氛围，同时还能够使员工对于由管理者完成的跟进反馈更加坦率。第二，自我评估能够为管理者提供关于下属的工作和任何相关问题的不同看法。

第二步：召开绩效评估会议。许多人对绩效评估会议充满了忧虑。因此，从一开始的时候就要建立一种合作的氛围，让员工感到放松；不要让员工感到自己像犯人一样被审问。然后，回顾评估的目的和对双方的好处。这会使你和员工在心理上作好准备，并为即将开始的对话"热身"。

然后，请员工谈谈他（她）的自我评估。这将使你了解员工的观点，并防止你支配对话中的大部分时间。仔细聆听员工的讲话，在这个过程中不要打断他（她）。重复你听到的一些内容以表示你在仔细聆听："如果我没理解错的话，你认为自己已经完成了本周销售报告中的所有目标，此外，你正在努力联系已经指派给你的所有重要的客户。我理解得正确吗？"

一旦员工已经坦白明了地说出了自己的想法，就开始进行你的评估吧。

第三步：确定绩效差距。当你进行评估的时候，首先要将员工的成绩和相关的目标进行比较。例如，如果琼（Joan）表示，她的最重要的业绩是组织并主持了一次重要客户和研发人员共同参加的会议，问问自己，"这是她的目标之一吗？"如果是，那么她的业绩与完成目标的衡量标准之间的差距有多少？她的其他目标完成得如何？寻找存在于实际业绩和期望业绩之间的差距。在这里，你最大的问题是很难使一些业绩量化。例如，如果一个酒店经理为前台员工制定的目标是为客人营造一种"宾至如归"的环境，那么，又应如何衡量这些员工的成绩呢？

如果，你通过评估发现了员工的实际业绩与目标之间的差距，那么就将这个差距作为你的讨论和反馈的中心。作为出发点，确定一个更大的组织目标来说明员工的目标应该以怎样的方式来支持组织目标。当员工理解了他们的行为和工作的重要意义时，他们就能够作出改变。例如，你可以这样说：

> 我们部门的目标是在一个星期之内解决所有客户担保问题。实现这个目标将有助于公司实现客户"满意"和"忠诚"的更高目标——这两个目标的实现保证了我们未来的工作和奖金。如果任何团队成员不能够很好地处理自己所分担的客户申诉，那么我们就不能完成这个目标。你们明白我们应该采用的合适做法吗？

确定员工肯定了你的讲话。然后，将对话转向导致未完成目标的根本原因。"没有完成自己的目标，你认为为什么会这样？"仔细听取对方的回答，给你的员工找出问题根源的第一次机会。如果你没有听到一个合理的回答，那么，试着提出另外一个问题："出现这个问题是不是因为你需要进行更多的培训?""是不是在办公室里有太多的分散注意力的事情?"

第四步:找出导致绩效差距的根源。 在大多数情况下,确定导致绩效差距的根源将建立一种客观的环境,使得你和下属都以积极的方式来解决问题。你不会去批评责骂你的下属,而你的下属也不用针对你的批评而为自己辩护。相反,你们将共同来处理"问题"。在大多数情况下,导致绩效差距的问题超出了员工能够处理的范围(例如:缺乏适当的培训,资源过少,工作环境问题)。下面的一些建议能够帮助你提供更有用的反馈:

- 鼓励员工清楚地表达意见不同的观点。
- 避免概括性表述,例如,"看起来你对你的工作并不太上心。"尽量使用与工作相关的明确意见,例如,"我注意到,在服务改良会议上你没有提出任何建议。是什么原因?"
- 有选择性。你没有必要详述每一个缺点或失误。抓住那些真正重要的问题。
- 既给予真正的表扬,也给予有意义的批评。
- 使反馈满足解决问题和工作的需要。

(注意:现成的拟订反馈会议计划表,请参见附录 A 。你可以登录下面的网址:www. elearning. hbsp. org/businesstools 来免费下载同样的评估表副本和在"哈佛商务指南系列"里提到的其他工具。)

第五步：制定缩小绩效差距的计划。一旦你明确了绩效差距，通过讨论得出了导致这种差距的根源，让你的员工也认可差距和根源，并意识到它们的重要性——一旦这些工作完成，就开始针对解决这些问题的新一轮对话。

首先，给员工一个机会来制定一个缩小差距的计划。你可以这样说："你的解决方案是什么？"把"皮球"踢给员工会使他（她）更能意识到解决方案的重要性，而且运气好的话，员工在制定缩小差距的计划时会更具有责任感。在员工阐述他（她）的缩小差距的计划的时候，质疑一些假设，并提供一些加强计划的想法。如果，员工不能提出合理的计划，那么，你必须提出一个更有效的计划。但是，在任何情况下，都要寻求员工对计划的认可和承诺。一个好的计划包括：

- 明确的目标；
- 时间安排；
- 行动步骤；
- 预期的结果；
- 合适且必需的培训或实践。

这个发展计划应该成为员工履历的一部分。

如果，你在评估会议期间不能解决缩小绩效差距的问题，确定一个时间和地点来召开跟进会议，并解释跟进会议的目的："我希望你在下个星期认真思考一下我们今天所讨论的问题。我也会这么做。然后，我们会再次开会，并制定出一个有助于你解决这些问题的计划。"

在会议结束前，简要回顾一下会议的内容和达成的共识。

第六步：重新审核绩效目标。自他们的上次绩效评估到现在，已经过去整整一年的时间了，你需要对期待员工完成的目标进行再次审核。当组织处于一种变化的情况下，或者当员工处于快速熟悉工作的时期，重新审核绩效目标是非常重要的。

使员工参与到目标改变的过程要确定员工有能力来承担新的目标，并能够理解新目标的细节和重要性。

在任何情况下，清楚新目标，并知道如何对照这些新目标对工作进行衡量。同样，要依靠员工的技术去实现新目标；为了给予员工完成新目标所必需的能力，现在是制定一个发展计划的时候了（指导，培训，等等）。

第七步：记录在案。记录会议过程、主要讨论的问题和结果是非常重要的。这意味着你需要在会议进行期间大致地做记录，并在会后记忆仍然清晰的时候立刻进行完善。记录的内容包括：

- 会议日期；
- 员工的发言要点和关键语句（没有必要是逐字的），包括他（她）的自我评估；
- 你自己的发言要点和关键语句；
- 意见不一致的论点，如果有的话；
- 发展计划摘要；
- 意见一致的日后工作安排；
- 即将到来的财务年度的绩效目标。

可能你的公司需要会议记录的复印件来提供给员工，并加入到员工的人力资源档案和你的档案中。在大多数情况下，管理者和员工都被要求在绩效评估报告上签字，而且员工拥有合法权利在这份报告中附加自己的评论。

> **有效评估的诀窍**
>
> - 使员工感觉到自己是这个过程的一部分。
> - 提供给员工真实的反馈。
> - 从什么是正确的和什么是错误的这两个方面来覆盖员工工作职责的全部范围。
> - 保持平衡：既不能爱心洋溢也不能刻薄批评。
> - 确定在员工发展方面应该做些什么。

第八步：跟踪。你应该计划跟踪每一次评估会议。显然，绩效优秀和绩效合格的员工不需要太多的跟踪。然而，如果你给他们制定了新的、更高要求的目标，那么，你就会希望监控他们的工作进程，并决定是否他们需要额外的培训、训练或支持。

应该更谨慎地监控那些已经提交发展计划的有着绩效差距的员工。监控应该采取每隔几个星期或几个月召开跟踪会议的形式。这样，你就能够对照发展计划来检查这些员工的工作进程。在这些会议上你有机会对员工进行训练和鼓励。

训　　练

训练和绩效评估一样，都是更大的绩效管理系统的一部分。

当然，训练是绩效评估的结果，因为，作为管理者，你一定会遇到那些需要额外的帮助来完成工作和目标的下属。绩效评估同样可以显示其他一些人已经准备好完成责任更大和更具挑战性的目标，他们所需要的是额外的动力。公司提供的正式的和在职培训正好能够帮助这两类员工。但是，他们所期待的还有一对一的训练。

管理与训练

尽管管理者必须经常充当“教练”的角色，管理和训练却是两种非常不同的工作，这二者之间的不同使得训练对于许多管理者来说变得非常困难。

管理专注于	训练专注于
● 吩咐	● 调查
● 指挥	● 促进
● 权威	● 合作
● 迫切需要	● 长期改进
● 明确的结果	● 许多可能的结果

训练是一种双向行为，在此过程中双方共享知识与经验；使得员工最大限度地发挥潜力以完成既定的工作目标。训练是一种共同努力，在训练中需要被训练人积极主动地参与。好的管理者不仅仅是在绩效评估中发现训练的机会，同样在日常业务中也能找到机会。

为什么进行训练?

当你和一个下属都认为一起工作会提高业绩时,你们双方就可能同意建立训练关系。训练能够帮助下属做到:

- 重新点燃进取心
- 在其遇到工作问题时,帮助他们回到正确的工作轨道
- 最大化员工的优点,例如,增强他们的分析技巧
- 克服个人障碍,例如,消除直接面对一个难以相处的客户时的恐惧心理
- 获得新的技术和能力,例如,学会如何完成一个更好的公开陈述
- 为承担新的职责铺路,例如,逐渐掌握领导技巧
- 更有效地管理他们自己,例如,改进时间管理

好的训练能够产生更好的工作满意度和更高的进取心。同样还能够改善你和下属之间的工作关系,使你管理起来更轻松一些。记住,有效的训练需要彼此达成一致。被训练的一方必须希望做得更好,而且必须愿意接受你的帮助。

从观察开始

有效训练的第一步是要了解情况——需要训练的人和这个人目前的技能。了解这些的最好方法就是直接观察。你的目标应该

是确定优缺点，然后，了解这个人的表现在同事身上产生的影响和他完成目标的能力。进行观察的时候，脑海里要牢记以下几点：

- 明确这个人哪些方面做得好，哪些方面做得不好。尽最大可能搞清楚，然后，试着找出导致问题的原因。参考下面的实例：

  在观察了几次团队的会议后，一位管理者注意到了哈丽雅特(Harriet)的一些问题。她经常打断其他人。这种做法阻止了其他人阐述自己的观点。一位缺乏敏锐观察力的管理者可能会说，“哈丽雅特不是一个好的团队成员。”但是，这种概括的表达并没有明确地突出哈丽雅特的问题——一个需要进行训练的问题。

- 避免过早的判断。一次或两次的观察可能得到一个不完全的印象。因此，继续观察，尤其是你对你的感知有任何疑问的时候。
- 测试你的推测。在适当的情况下，与你的可以信赖的同级管理者，或者同事来讨论这种情况。将他们的观察加到你自己的观察中。
- 避免不现实的期望值。不要将你自己的绩效标准强加到其他人的身上。你很可能已经通过设定高期望值和卓越的成绩向前推进了你的事业。假设其他人也有同样的进取心或同样的优点是不现实的，也是不公平的。
- 仔细倾听。可能有人寻求你的帮助，但是，你可能没有听取他的意见。问问自己，“我错过了倾听的机会吗？”员工们通常不知道他们需要哪种帮助，或者是确切地知道如何来寻求帮助。当你发现一个机会的时候，拿出时间来认真地倾听下属的直接意见。

和员工一起讨论你的观察报告

一旦你确定了训练的方向，就要开始和员工进行对话，但是对话要围绕观察的结果展开。例如，在开始的时候这样说，“这是我所观察到的。”同时，列举员工的表现对于小组目标和与其合作的同事的影响。例如，你可以假设，“如果我处在与你合作的同事的位置上，我可能认为你正在试图控制这个会议。我之所以有这种印象是因为你频繁地打断其他人。”

当描述表现和其影响的时候，一定要做到真实和坦率，同时还要表现出一定的支持。远离讨论的目的只能使员工有一种正在被进行人身攻击的感觉。无论如何，这些动机完全是你站在自己立场上的推测。这里有一个假设动机的实例：“你没能及时完成报告，使我感到你不喜欢这种类型的工作。”

成为一位主动的听者

作为一位“教练”，你必须高度注意别人的想法。你可以通过主动倾听来做到这点。主动的倾听能够促进交流并使其他人感到放松。一位主动的听者通过以下方式来注意说话者：

- 保持目光接触；
- 在适当的时刻微笑；
- 避免注意力分散；
- 做记录，如有必要；
- 对肢体语言具有敏感性；
- 先听后评价；
- 从不打断，征求解释除外；
- 通过重复对方的话来暗示正在倾听，例如，“如果我没有听错的话，你在……方面有问题。”

询问正确的问题

询问正确的问题会帮助你了解其他人，并确定他（她）的观点。这类问题有两种：开放式的和明确限定的。每一种问题都会产生不同的回答。

开放式问题鼓励积极参与和观点共享。利用这些问题可以：

- 探讨可供选择的办法：“如果……，会发生什么？”
- 暴露看法或需要：“你认为到现在为止，我们的进展如何？”
- 确定优先级并提供详细的细节：“你认为进行这个项目的最主要问题是什么？”

明确限定的问题需要的回答只是“是”和“不是”。利用这些问题可以：

- 集中在答复上："这个项目是否按照日程安排来进行？"
- 确认其他人刚才说的："那么，你的最大问题是自己的时间安排？"

当你希望找出更多他人的动机和想法的时候，利用开放式问题。通过这些问题你可以发现其他人的关于问题的观点和深层看法。反过来，这将帮助你提供更好的建议。

开始训练

一旦你了解了个人和情况，你就可以开始你的训练了。有效的训练能够提供被员工听取、接受并作出回应的建议，员工还会仔细思考这些建议的价值。用清晰、平衡的方式来阐述你的观点是非常重要的。

- 不带有任何价值取向，用中立的方式来描述个人的情况。
- 阐明你的观点。
- 将你观点背后的想法阐述清楚。
- 如果有用，分享自己的经验。
- 鼓励他人提出他（她）的观点。

如果，你在你的交流中利用了询问和鼓励，那么你会获得最成功的合作。过度信赖询问能够导致参与者对重要的信息和看法有所保留。相反，如果你过分强调鼓励，你创造了一种由你控制的气氛，而这种气氛能够破坏训练的合作关系。

提交和接收反馈

一般而言，提交和接收反馈是训练和监督的重要组成部分。随着确定要解决的问题、共同制定行动计划和评估成绩的进行，这种“互通有无”将贯穿整个指导过程。这里有几个提交反馈的诀窍：

- 专注于表现，而不是能力、态度或是个性。这会防止员工产生一种正在被人进行人身攻击的感觉。
- 描述另一个人的表现及其对项目和(或)一起工作的同事的影响；但是，避免使用判断性的语言，因为那样会使这个人产生防御心理。例如，与其说，“你缺乏礼貌而且专横，”还不如这样说，“在我们的前三次会议中，你已经打断弗雷德(Fred)好几次了。”注意，在上句陈述中针对的是表现，而不是个人。
- 避免概括。与其说，“你的工作完成得不错，”不如提供一些更明确的事情，例如，“在你的介绍中使用的幻灯片对我们了解信息很有帮助。”
- 真诚。给出的反馈要有明确的帮助员工提高的意图。
- 现实。专注在其他人能够控制的因素上。
- 在指导过程中提早且经常给出反馈。事后快速而频繁的反馈比很少反馈更有效。

反馈是“双向车道”。这意味着你必须在如何成为有效的管理者和“教练”这方面公开反馈。那些进行自我反馈的“教练”能够更多地了解自己管理风格的有效性并建立更大的信任。提高你接收反馈的能力，寻找更明确的信息。例如，“我说的什么话使你认为我对你的提议没有兴趣?”或者“我的建议对你的帮助有多大?”

当你寻求解释的时候，不要使对方处于防御状态。与其说，“你是什么意思，我看起来对你的想法怀有敌意吗?”还不如这样说，“你能给我举出一个例子吗?”同样，

- 既乐于接收正面的反馈，也乐于接收负面的反馈；
- 鼓励对方避免使用情绪化语言。例如，“你常常说我很顽固。举出一个使你这么认为的例子来。”

同时，记得要对他(她)的反馈表示感谢，无论是正面的还是负面的。这么做会增加信任，而且对于你所训练的人还会起到一种能力全面的模范作用。

制定一个行动计划

一些训练能够从行动计划中受益。一位下属必须在特定的时间内提高表现来达标，否则就会被解雇的情况就是一个很好的实例。另外一种情况就是，你有一位很优秀的下属，而且希望他在几个月之内能够承担更高一级的工作。在任何一种情况下，计划保证了对成绩提高进行系统化的关注。

被训练人应该以文字的形式写出一个行动计划，而且应该在计划中明确地描述行为改变，或必须掌握的新技术。像其他有效

的计划一样，行动计划中应该包括时间表和成功的衡量标准。你对于制定行动计划的作用有以下几点：

- 确保目标是现实的；
- 帮助下属来确定为达成目标而必须完成的各项任务的优先级；
- 强调潜在的障碍，然后进行集体讨论来拿出可能的解决方案；
- 确定哪些额外的训练或培训支持是必需的。

共同致力于达成一致的行动计划。你的参与将表明你对下属成功的兴趣和你对于这个行动计划的责任。

不断地跟进

有效的训练包括跟进并检查进展。跟进有助于个人的连续提高。你的跟进可能包括询问哪些进展顺利，哪些不顺利。跟进会议为表扬取得的进展提供了机会，同时也为继续训练和反馈提供了机会。如果行动计划需要修改，跟进会议则是个非常合适的机会。

如果你是一位没有经验的管理者，或者在训练方面经验不多，你在开始的时候可能感觉不太愉快，或者努力不能完全奏效。没关系，应该记得在实践中不断地提高自己。

小　结

- 绩效评估是用来评估员工对分配目标完成度的一种正规方法。当你做薪酬和晋升等方面决策的时候,你和你的公司需要这些评估。
- 有效评估的 8 个步骤是准备工作,考核会议,确定真实成绩与期望成绩之间的差距,找到导致这种差距的根源,制定缩小差距的计划,重新评估目标,为会议建立档案和跟进。
- 训练是一种双向行为,在此过程中双方共享知识与经验,使得员工最大限度地发挥潜力以完成既定工作目标。
- 训练从观察开始,然后就观察到的员工所存在的问题进行讨论,包括双向反馈和行动计划,最后以管理者的跟进结束。

经理人百宝箱

8 问题员工的处理

8 问题员工的处理

——激励或解雇

本章重点话题

- 利用激励和反馈来改变员工的行为或绩效
- 管理“C类”员工的最好方法
- 解雇员工过程中哪些能做，哪些不能做

问题员工。他们的业绩是不能令人满意的。他们浪费你的时间，并且引起你和其他同事的不满。

一些问题员工可以通过指导或培训的帮助来纠正他们在业绩上的不足。另外一些人能够完成工作，但是，由于这样那样的原因，他们不具有做好工作的原动力；这些员工通常可以通过精明的管理者来帮助。还有一些问题员工，无论如何也不能或不愿意达到期望的业绩，那么只好将其换到一个更合适的职位上或者解雇。

指导已经在上一章进行过讨论；本章将集中讨论激励问题员工、处理“C类”员工和在必要的时候处理解雇问题的方法。

激励的原则

激励是所有人都喜欢选择的用来改变问题员工的行为或绩效的方法。有效激励的原则在 20 世纪 60 年代就由弗雷德里克·赫兹伯格经研究提出。他发现"外在"的刺激,例如,高额的薪水和舒适的办公室都不是使员工更努力、更巧妙地工作的必然因素。即使这些"外在"的刺激起了作用,它们的正面效果也是短期的。为什么?因为我们中的大多数人是受"内在的"奖赏所激励的,例如,兴趣,具有挑战性的工作和获得并承担更大责任的机会。这些内在的因素与员工获得深层的发展和成就的需求相符。因此,激励员工的真正关键所在不是表扬、惩罚,甚至不是现金。真正的秘诀是找到激活他们的"内部发生器"的方法。而对于大多数人来说,这意味着使他们的工作更加具有吸引力。他提供了以下这些关于使工作更具吸引力的建议:[1]

- 减少一些控制,同时保留对结果的责任。
- 完全自然地为员工分配工作单位(部门,区域,等等),而不是分配刻板的、高度明确的工作("将螺钉 A 拧进 B 孔")。
- 使员工也可以直接看到定期报告,而不是只让主管可以看到。

- 提出新的、更困难的任务。
- 分配明确的或者特殊的任务给个人，使他们能够成为专家。

赫兹伯格的“处方”在如今依然有效，你可以利用它来提高所有员工的进取心。然而，成绩差的员工需要特别注意。激励他们是非常困难的事情。

你的员工中是否有对必须完成的工作没有进取心的？这里有一些常见的表现：他们对工作缺乏责任心，而且表现出厌烦心理；对于员工权利的兴趣远远超过了对目标的兴趣；咨询会议总是以同样的方式结束：他们同意改变，但是却不能坚持到底。组织心理学家奈杰尔·尼科尔森（Nigel Nicholson）曾经解释说，大多数管理者在尝试激励具有这些特征的员工时容易犯以下两个错误中的一个：

- 他们尝试“阐述与推销”方法。“阐述与推销”式的管理者尝试着以自己的思维逻辑来说服成绩差的员工。“你看，弗兰克（Frank），如果我们所有人齐心协力工作，每个人的工作都会更简单，而且我们会很好地完成工作。”
- 认为员工拥有不良品质：偷懒，以自我为中心，不配合其他团队成员。

据尼科尔森所说，“阐述与推销”方法的问题是管理者扮演了喜欢将没有信仰的人培养出信仰的“福音传教士”的角色。

而且，没有人喜欢被人唠唠叨叨地说教。如果能够起到寻找员工缺乏进取行为的根源的心理学家的作用，管理者就可以做得更好。第二个错误存在的问题是：认为员工品质差，却没有改善现状；在很多情况下对员工品质的这种判断可能是错误的。[2] 这两种方法没有一种能从根本上解决员工的绩效问题，或者纠正绩效问题。

反馈方法

另一个处理绩效或行为问题的方法是沟通——明确地说是提交和接收反馈。反馈为双方的交流提供了机会。这里有利用反馈方法的 10 个诀窍：

1. 确保工作期望值和绩效目标是清楚的。核实绩效问题存在的唯一办法就是规定绩效的期望值标准，然后，对照这个标准来衡量员工的真实绩效。

2. 在和员工见面之前，要掌握全部的详细信息。回顾职位描述，备忘录和与员工进行过的关于其特殊行为的交谈记录。千万不要忽略这些信息。

3. 给员工预先通知，并明确相关的问题。例如，对一位习惯性迟到的员工你可以说，“我希望明天与你谈谈工作时间的问题。”让员工知道是否这个解决方案有讨论的余地，或者是否你有明确的要求需要提出。例如，“请准备一下，我们将讨论你的上班时间。”

4. 当会期最终到来的时候，以一种乐观的方式来开始。这么做会建立一种有成果的会议所必需的气氛。

5. 描述有疑问的行为和这种行为对你和其他人产生的影响。例如，“在过去的几个月中，你每星期有几天上班迟到半个小时。这使得和你一起工作的同事很难把他们的工作完成。而且，你这么做也为公司的其他人带来了负面影响。”

6. 指出问题的来龙去脉。“这不是我们第一次谈论这个问题。根据我的记录，我们在六个星期前讨论过这个问题，再往前推，在去年12月我们也讨论过这个问题。然而，这个问题到现在依然存在。”

7. 阐述这种行为对你和其他人的具体影响。例如，“我知道，你采取晚上加班，或者在午餐时间工作的形式以弥补迟到损失的时间，但是，这并不是解决问题的办法。因为，我们是一个团队在运作，一个人不来也许会将其他三四个人的工作搅乱。”

8. 主动听取员工的回应。不要分散精力去思考你接下来要说什么，仔细倾听对方的陈述。

9. 说出一个提议，或者请求，然后询问对方是否理解。例如，“我的建议是你重新安排家事以保证按时上班。这会使得我们这里的工作更轻松，也会使团队中的所有人更愉快。”谈后，检验对方对你的建议是否理解。例如，“你理解为什么我坚决要求你准时上班吗？”

10. 寻求下一步行动的认可和承诺。例如,“这样看来,你将会每天上午 9 点钟到这里。”将刚才的讨论和任何协议记录下来。查问并确定员工正在遵守这个协议。

当给出反馈的时候,专注于提高绩效——不要只是利用反馈来进行批评。确信反馈是聚焦未来,找出的问题能够在将来得到改正。例如,如果一个行为或行动是一次性的活动,你可以让它顺其自然。同时,对于差绩效的反馈不要限制。这与给出肯定和加强的反馈一样重要,保证员工从正确的事情中学到东西。例如,“我不愿意因为你上班迟到而谴责你,因为,你在这里所做的工作是值得推崇的。可是,问题是你需要在上午 9 点钟就开始着手这种值得推崇的工作。”

“C 类”员工的管理

所有的组织对员工都有一个分类制度,而且不是所有的员工都是可晋升的。在最顶端的是“A 类”员工,这些员工的贡献是杰出的。“B 类”员工则是很好地完成了工作。然而,“C 类”员工的工作成绩则几乎是难以令人满意的。麦肯锡管理咨询公司的贝丝·阿克塞尔罗德、海伦·汉德菲尔德-琼斯和埃德·迈克尔斯在对两家大型公司的管理人才的研究中发现,不同人对集团利润增长的贡献相差甚远。其中一家公司的“A 类”管理者为公司的利润增长贡献了 80%,另一家公司的“A 类”管理者为公司的利润增长贡献了130%。在这两个公司中,"C类"管理者都没有给组织带来任何利润的增长。这就提出了一个关于技能与职业发展资源应该着重分配给哪类人的问题。当然,将资源分配给"A类"和"B类"员工会收到很好的效果。但是,怎样处理"C类"员工呢?是继续投资使得他们会有所提高,还是简单地让他们走人?

一些公司定期解雇"C类"管理者,还有其他的一些公司则尽力把他们培养成人才。但是,大多数公司对他们漠不关心。这种不关心的成本是非常高的,不仅优秀员工会离开,而且还使利润缺乏增长。像作者所写的:

> "C类"员工占据了组织中其他更有才能的员工的上升通道。同时,"C类"员工对于其他人来说通常不是好的楷模、"教练"或顾问。有调查显示,80%的受访者认为低水平的上司妨碍了他们的学习,影响他们为组织作出更大的贡献,并且使得他们想离开公司。想象一下,如果管理者中只有20个人的成绩不佳,而他们中的每一个人又分别管理着10个人,那么,这个"集体"对于公司的人才库和士气会产生什么样的影响?[3]

那么到底该怎么办?这些作者建议采用"三步法":

1. 确定"C类"员工。

2. 对于每一位"C类"员工所采取的明确的行动计划取得一致意见。一些"C类"员工可以通过提供指导和适当可支持发展的空间来充分地提高他们的成绩。

3. 管理者应对“C类”员工的提高或解雇负责。

许多“C类”员工不值得留用,至少不适合留用在他们现在的位置上。对于那些在经过指导后成绩仍不能提高的“C类”员工,应安排在比有潜力成为“A类”员工的更低级别的职位上。如果在这些职位上,工作成绩还没有任何起色,那么,他们就必须走人了。

然而,在“C类”员工上的投入也可能是值得的。唯一来确定是否值得的方式就是评估提高“C类”员工到更高水平后能为组织的绩效带来多大的提高。与收益相比,做这些相关事情的成本又是多少?收益大于成本?如果成本超出了收益,那么只能是将他(她)安排在能够做得更好的职位上,或者让他们离开组织。

当一切都失败的时候:解雇处理

否认声明:在个别几个论点上,本段涉及到与制定并传达解雇一名员工的决定有关的法律问题。目的不是作为法律建议。请咨询能够针对你的情况给出明确建议的法律顾问。

在某些情况下,再怎么多的指导、额外培训、反馈会议或训斥都不能使一位员工的成绩提高到一个令人满意的程度。在这些情况下,解雇常常是唯一可行的做法,也是在许多管理者生命中最困难,最痛苦的任务之一。[4]解雇在情感上难以让人接受,如果处理不当，可能会对个人声誉造成永久的伤害，还可能会对公司的声誉造成负面影响，甚至会导致法律诉讼。还可能破坏整个组织的信任和士气。前任员工的朋友和支持者可能会感到愤怒。不管怎样，那些曾经因为被解雇员工的糟糕表现而感到沮丧的人会因此松了一口气。

解雇一名员工意味着终止了这个人的工作。除了临时裁员情况之外，个人的解雇应该是由他（她）的业绩或行为问题所导致的，例如：一位员工的业绩或行为存在无可救要的问题，或者当一位员工违反法律或公司政策的时候（例如，盗窃行为，或对另一位员工进行性骚扰）。

在法律和公司政策的控制下，解雇是复杂的。员工情况的多样性——例如，免税人或者非免税人，工会成员或者非工会成员——增加了解雇的复杂程度。当解雇一名员工的时候，对这些问题的一般了解能够为你提供指导。不管怎样，严格遵守公司的政策，同时，从公司内部或外部的法律顾问那里寻求建议是至关重要的。随便的解雇处理可能导致"不合法解雇"的法律诉讼。因此，让你公司的法律部门来指导你完成每一步。

大多数管理者在如何决定是否解雇一名员工，或者在麻烦出现时该如何有效地完成解雇的问题上感到疑惑或不确定。这是很自然的事情。例如，他们想知道：

- 什么时候解雇某个员工是合法的？
- 我应该在什么时候以何种方式委婉地把这个坏消息告诉

将被解雇的员工？

- 根据法律和公司政策，我应该如何处理这个行动？
- 在留下来的团队成员中可能有人会对解雇决定提出疑问，或者有人可能是被解雇员工的朋友，我如何来保持团队的士气和信任？
- 在员工离开以后，什么才是在这个部门里重新调整工作角色的最好的方法？

解雇的依据

构成解雇一名员工的坚实的法律依据是什么？在某些情况下，当你解雇一名员工的时候，你要坚持遵守强有力的法律依据。在另外一些情况下，形势是模糊的，你需要谨慎地处理。在美国，以下几种违法行为，有足够充分的理由立即解雇：

- 在工作中持有非法武器的
- 公然违反公司最重要的规章制度，例如，将商业秘密送给竞争对手
- 在重要的问题上不诚实，例如，在某人差旅费的问题上说谎
- 使同事的健康和安全遭到危害
- 对同事进行性骚扰，或者以其他的方式来威胁同事，以阻止他们完成工作

- 参加犯罪活动
- 在工作中饮酒或吸毒
- 工作时间赌博

州与州之间，国家与国家之间的法律都是不同的。因此，请教法律顾问来确保你理解了唯一适用于你的情况的法令。在美国企业中，以下工作错误在提醒员工注意后，如果他们继续坚持，或不予改正，应受到解雇的惩罚：

- 工作时间表现拙劣
- 拒绝听从指导
- 坚持消极或破坏性态度
- 违反上级指令
- 滥用病假以及其他特权
- 长期迟到或旷工

无论因什么原因解雇，记录备案员工的行为和你为纠正这种行为所采用的措施是至关重要的。如果被解雇的员工声称他（她）的解雇无法被证明是正确的，那么，你必须能够在记录备案的员工绩效考核、个人档案、备注和私人笔记中指出该员工问题行为的历史记录。

什么时候你不能解雇一名员工

某些行为对于一个公司来说不构成合法解雇员工的理由。这些行为由于国家的不同而不同，但是，以下实例可能包括这类员工行为，例如：

- 员工提出的赔偿要求
- “揭发”公司局部的非法行为
- 报告或抱怨公司违反了有关职业安全或健康的法律法规
- 行使属于或不属于工会的权利
- 从工作中抽出一部分时间来履行公民的义务，例如，担任陪审团成员或参与投票
- 从工作时间抽出一天休息是联邦法律或州法律允许的

再一次提醒你，让法律顾问来给你关于这些法令的一些建议。这些法规很复杂，不要自己去理解。

有关歧视的特别说明

许多国家已经制定了法律来反对根据种族、性别、性取向、婚姻状况、身体或智力的残疾、年龄和生育状况（生育状况是指是否已经怀孕，或是计划怀孕）来解雇员工。在一些情况下，站在这些法律的正确的一边是非常难的，这也足以说明了为什么歧视成为声称不合法解雇所引用的最多的原因。因此，在决定是否解雇某个员工前一定要谨慎注意员工歧视在你的情况里是如何定义的。同在就业法方面经验丰富的律师商议是确保你不会在不知情的情况下解雇一名员工而对他（她）造成歧视的最好办法。

解雇处理

在你职业生涯中的某个时刻，你将不得不解雇一名员工。为

了做到正确和符合标准，你要确保你已经完成了相关法律问题的准备工作，已经将员工的绩效、行为和你所采用的帮助措施记录备案。你希望在解雇员工的问题上感到自信，相信自己做了一件正确的事情——为他(她)本人，为你的团队也为你的公司。

一旦你完成了你的准备工作，安排与这个员工见面，并宣布这个消息。一些专家建议不要在星期五下午解雇员工。在周末前解雇员工会导致这位员工在整个周末都处于一种焦急和烦恼的状态，并很可能考虑提起法律诉讼，或者考虑带有破坏性目的返回办公室。可以考虑在星期一的下午进行离职面谈，并公布这个消息。这样，他们就可以有一个星期的时间用来找工作。无论你选择哪一天，你一定要确定，这天是这个人在这个职位上的最后一天。大多数专家劝止在任何时间长度的前提下允许员工逗留。这么做会在办公室内造成许多不便之处，同时，给了情绪上不满的员工获得公司文件，破坏电脑，给其他员工发送垃圾电子邮件的机会。

你和被解雇的员工要在一个你们二人都不会被人看到的地方见面，例如，无窗的会议室或办公室，或者其他能够让你们的隐私得到完全保护的场所。同样，见面地点的往返行走路线要避开那些可能被充满好奇的同事占据的区域。保证见面的私密性是表示对被解雇员工的一种尊重。没有人希望同事正在偷听或者偷看，这会给他(她)带来一种羞辱的感觉。

为了使解雇处理尽可能地有效，邀请人力资源部门的人员到会。这个人可以：

- 当你或者被解雇的员工在开会期间情绪过于激动，起到

"降温"的作用；

- 当被解雇的员工在开会期间情绪或行为上突然爆发的时候，起到"缓冲器"的作用；
- 回答有关养老金、保险和解雇金等不可避免的问题；
- 万一将来引起纠纷，起到此次会谈证人的作用。

尽可能快地结束会议——在 10 分钟之内，或者更短。不要拖延会议的时间。你说得越简要，越不可能说出不利于公司的话。心平气和，直言相告，不要绕圈子。表达出一种严肃的目的和决心。避免为法律问题种下"种子"，抵制向员工道歉或由于员工的拒绝而重新考虑决定的想法。被解雇的员工必须知道你的决定是最终的决定，没有谈判的余地。

那么，你该说些什么？最常用的方法就是没有很好地完成工作。如果，你选择详细解释，那么采用客观、中立的语气不会使员工感到一种被人身攻击的感觉。以下实例可供借鉴："我们谈论的是在过去的一年里你有六次没有完成绩效目标。这些目标到现在依然没有完成。"或者，"你已经接受了指导和建议来帮助自己处理对同事爱挑剔的态度，但是，你的行为并没有改变。"

以中立者的语气阐述客观原因将减少被解雇员工对你或者公司提出诉讼或诽谤的机会。

在简练、直接和同情之间保持一种平衡的姿态。这种做法表示你确实已注意到失去工作可能对员工的生活产生的深远影响；例如，"我知道，这对你来说是困难的。"在传达完这个消息后，给被解雇的员工留出几分钟的时间来让他（她）来发泄愤怒、混乱或痛苦。同情和整理情绪的机会能够帮助员工承受那些一时难以接受的消息。

在解雇会谈中哪些话不要说

你在解雇一名员工时所使用的明确的语言可能在这个员工决定是否提出诉讼的问题上起到重要作用。使用下列“不要”作为解雇期间的指导方针：

- 不要与员工站在同一边，或者抱有一种“‘我们’反对‘他们’”的心态来减轻自己的不适。例如，不要说，“就我个人而言，我认为解雇你不是一个正确的决定。”
- 如果事实并非如此的话，不要告诉被解雇的员工这次解雇是临时裁员的组成部分。如果你雇用了新人来填补这个职位的空缺，那么，你的这种“善意的谎言”可能会为你带来的“回报”只是一场与歧视有关的诉讼。
- 不要说任何像这样的话，例如，“我们需要的是一位更有动力、更有进取心的员工。”或者，“你不适合这个团队。”或者，“我们需要的是少一些家庭责任，能够在标准工作时间之后拜访客户的员工。”或者，“我们需要表现一种‘高能’形象。”这几种讲话可能给被解雇的员工留下一种自己是由于歧视，例如年龄太大、外国人、已婚等等原因而被解雇的印象。
- 不要利用幽默，或者试图制造轻松氛围。这样只能使会议更加令人尴尬。更糟糕的是，你可能使被解雇的人员感觉被嘲笑或羞辱，因此，更加有根据来控告这是一个不合法的解雇。
- 不要威胁那些暗示可能对解雇发起挑战的员工。例如，暗示员工，只有同意不提出诉讼，才支付给他（她）最后的工资。这些形式的劝说被认为是非法的威胁，而且可能你要因此而成为法院的“常客”。

以保护被解雇员工的尊严的方式来传达解雇的消息。这种方式包括安排被解雇的员工在下班时间或者周末来拿走他(她)放在办公室的私人物品(一定有公司的员工在场监视)。那些感觉被解雇期间在同事面前被羞辱、没被尊重或者受到人身攻击的员工很可能感到非常愤怒,并因此索赔。

最后要阐明,无论怎样,解雇金、外购补助或者是未使用的假期工资都是可以得到的。

解雇之后

一旦通过艰难的谈话解雇了一名不得不解雇的问题员工,你可能认为任务已经结束,自己也完全解脱了。然而,你依然还有很多工作要去完成。在由解雇带来的即刻的和长期的后果中,你需要:

- 确保公司和被解雇的员工兑现了所有的雇佣合同的条款,例如,非竞争性和保密协议,提供就业证明的承诺,或者劳资谈判协议;
- 避免谈到关于前雇员的任何事情(无论是在非正式还是正式的工作介绍信里),因为,这可能被解释为损害他(她)的职业声誉的意思。
- 以文件的形式记录并阐述员工解雇的相关事宜。

关于最后一点,你或者公司的人力资源部门可以通过给员工一封离职信来做到。离职信可以邮寄给员工也可以在离职面谈中直接交给员工。信件应该清晰阐明员工的离职时间。基于不同情况，信中也可以包含以下内容：

- 离职福利，包括哪些种类和提供的时间
- 最终薪水，包括所有应得的奖金和累计福利，例如，休假时间
- 医疗保险范围或者变化［例如，美国的“统一综合预算协调法”(COBRA)］
- 新职介绍帮助
- 法定的职工优先认股权的处理
- 所有的非竞争性协议，或保密协议
- 劳资谈判协议中的所有规定条款
- 你所制定的所有关于给员工提供就业证明或推荐信的协议
- 员工已经同意的所有弃权文件，例如，在获得金钱补偿的情况下不对公司提出诉讼的承诺

在美国，如果被解雇的员工正好是“受保护阶级”——例如，少数族裔，伤残人士，女性，或年龄偏大的工作者——而他(她)已经同意签署了一份弃权文件，关于离职信承诺的法律则变得更加复杂。

在这种情况下，你或你的公司应该就离职信的正确措辞方式去咨询法律顾问。

做到没有负面表达

一旦被解雇的员工离开公司，做或说任何事情都要非常小心——即使以一种随便的方式——以免使人理解为是对前任员工的名誉，或者是其寻找另外一份工作的机会的损害。这样的表达可能会使你遭到以诽谤罪名提出的诉讼，或者遭到前任员工的同事们的怨恨。最好的策略就是不说任何关于前任员工的负面言语。

如何写推荐信

在有些时候，被解雇员工的未来雇主可能给你或你的公司打电话来进行推荐信核查。如果，前任员工想从你这里得到一封推荐信，而你认为这名员工没有什么优点可说，那么，你就只写最基本的。当然，你的公司可能有一个明确的政策规定了你能够在推荐信中提供的信息。与人力资源部门和法律部门核实细节来使自己熟悉公司的推荐信政策。

继续你的工作

在解雇完成之后，你需要把精力用在团队成员所关心的事情上，在留下的团队成员中重新分配前任员工的工作，并确保前任员工的技术还依然留在这个小组中。

你需要在解雇某位员工之后，尽可能快地通知其他员工。假装什么事情都没发生过将只会增加闲话和留下的小组成员的忧虑，他们会担心自己就是下一个要被解雇的。最好的方法是组织召开一次团队会议，你可以在会议中简要地说明发生了什么事情。例如，你可以这样说，"在经过多个月的努力之后，托比(Toby)的工作成绩依然没有提高，他被解雇了。"不要过多地阐述关于你作决定的细节。当然，也不要批评前任员工。然后，再次向团队成员保证，这次解雇与他们自己的成绩或行为无关。承认现在对于整个部门来说是一个艰难的时刻，同时对一些人目前感到的不适表示理解。然后，说明你的计划是寻找替代人员；阐明在一名员工离开的情况下，团队中心是否需要改变。

但是，不要让你的沟通就此打住。在内部小组会议举行之后，安排时间与每一位小组成员见面，并倾听他(她)所关心的问题，然后，帮助他们调整由于这种改变所带来的情绪。

与解雇有关的一些常见问题

哪些文件是我必须提供给被解雇的员工的？

咨询法律顾问来确定哪些文件是你应该提供的。通常来说，文件应该尽可能地简明扼要，但是，必须包括接下来的待遇、解雇金、终止的有效日期和薪水，或许还有保密协议或非竞争性协议等详细信息。文件中不能包含对于解雇原因的解释。

如果必须解雇某个员工，我能否让其他人来传达这个消息，或者能否通过电子邮件来传达这个消息？

简而言之：必须亲自来传达这种类型的消息；这是你工作的一部分。与传达严肃新闻一样痛苦，因此，最好是由你本人，而且是亲自来完成。这是因为员工与管理者之间的关系要比与公司之间的关系密切得多。亲自传达严肃新闻，表达了你对这种关系和他人的尊敬，同时，帮助他（她）为这种关系画上句号。

我是否应该对解雇背后的基本原因作出解释？

解雇对于被解雇的员工来说应该不是一个意外。如果成为意外的话，那么说明相关的管理者并没有就工作的期望值与被解雇的员工进行充分地交流。如果这位员工希望知道你解雇他（她）的原因，说这类语言很合适，"这是我们六个月前一起制定的目标。我们也针对你达成目标的方法进行了讨论。但是，你却没有实现这个目标。"通过提供简明扼要的，真诚的回答，你帮助这位员工画上了句号。

我应该让他们在离职面谈之后立刻离开，还是应该给他们和同事说再见的时间？

合适的做法是，在他（她）与公司的雇佣关系终止之后，尽快陪同这个人走出大楼，尤其是在这个员工被解雇是出于严重的不检点行为的情况下，例如，性骚扰，盗窃或者吸毒。他（她）可能在稍后返回来参加已安排好的离职面谈。在这个问题上的观点应该一分为二，当员工只是因为工作成绩不好而被解雇时，陪同这名员工离开大楼可能是过于严厉了。尽管如此，他（她）都不应该被允许逗留太长的时间。

我应该如何处理被解雇员工的电子邮件和电话信息？

如果你打算在解雇之后立刻取消被解雇员工的电子邮件账户和语音邮件，那么，你就要为在指定的一段时间内转发这位员工收到的全部消息做好安排。随着员工的被解雇，你当然不希望供应商或者客户仍然与可能怀恨在心或有报复倾向的前员工保持联系。另一方面，不能与他们习惯于合作的员工联系上，也没有从你的公司那里得到任何解释，这可能使这些外界主顾感到不适应。无疑，你需要慎重决定哪些种类的沟通渠道在多长时间之内和在哪些方面是你希望保持公开的。对比突然的沟通中止对公司产生的影响和暂时转发消息给前员工所带来的风险来权衡利害关系。

小　　结

- 激励大多数人的关键因素是“内在的”奖赏：兴趣、具有挑战性的工作和获得并承担更大的责任的机会。
- 除了提供“内在的”奖赏之外，管理者应该针对员工的问题和解决问题的方法提供很好的反馈。
- 应该帮助“C 类”员工把成绩提到更高的水平，或者，将“C

类”员工安排在他们能够胜任职位上。

- 如果你正在考虑解雇，那么，先熟悉所在的区域的就业法。解雇期间的任何疏忽都可能导致法律诉讼。
- 如果你必须解雇一名员工，那么要在尽可能短的时间里，以坚决的、职业的方式来完成。解雇会议的场合与方式都不能显示出对该员工的不尊重。
- 用文件来完成解雇。允许被解雇的员工对同事说再见，但是，不能允许他（她）拖延时间。针对这件事与其他员工进行沟通。

经理人百宝箱

9 危机的处理

9 危机的处理

——不要等到危机出现

本章重点话题

- 通过计划避免危机
- 不能避免的时候准备应对危机
- 识别并消除危机的方法
- 用最有效的方式来解决危机
- 从过去的危机中学习
- 时常提出一些关于应对危机的问题

拿起任何一份重要的报纸，然后翻到商业版。极有可能你会找到一个，或者更多关于公司陷入困境的文章：濒临破产，计算机故障而导致关键数据丢失，产品责任诉讼……可能存在或发生的危险是无穷无尽的。仔细思考下面的例子：

审计人员面色阴沉地走进贝丝(Beth)的办公室，将养老金基金的资产负债表递给她，然后说："这里有一些问题。"

她能够看出他是正确的。她问："可能被贪污了？"

"那是最有可能的解释，"审计人员发表意见说，"事实上，这也可能是唯一的解释。"

贪污！新闻中到处都是这个词。工会可能要求进行调查。而且警察也可能参与进来。公司将没有办法在内部秘密地处理此事。作为首席执行官，贝丝将不得不把此事公布于众，但是，她应该怎么处理这件事呢？她是否应该通过表示她无可奉告来争取时间？然而，当他们问她是谁拿走了这些钱的时候，她又该怎么说呢？为什么罪犯能够这么轻易地就把钱拿走？公司打算怎样找回这些钱？不管怎样，个人的犯罪行为正在变成公众问题。

这位首席执行官遇到的问题是很常见的。所有商业迟早都会受到危机的影响。有一些是可预防的。有一些是可以预料的。还有一些是始料不及的。无论是哪种原因的危机，我们做的事情和决策都可能使情况变得更糟或更好。

本章提供了一些实用的有关预防危机、预见危机和在危机出现的时候如何处理危机的建议。同时还包括了对时常提出的关于危机处理问题的回答。[1]

什么是危机？

简单地说，危机是一种改变——突然的或逐步发展的——是导致管理人员必须处理的急迫问题。危机有很多起因。将这些起因全部列举出来是不可能的，但是，了解一些主要的类别能够帮助你和组织识别那些需要避免（如果可能）的、预防的，或用最有效的方式来处理的危机。

通常，大的灾难事件——地震，龙卷风，暴风雪，洪水和火灾——能够形成突然打击，破坏建筑物，摧毁基础设施和使通讯中断。健康和环境与灾难相关，公司尽管不是导致灾难的必然原因，但是与灾难直接相关。因此公司有责任，或意识到有责任来处理这些问题。仔细参考下面的例子：

- 外来者对产品的篡改可能对消费者造成伤害，同时，还能够损害产品和公司的形象。
- 严重的产品问题或缺陷，例如，有缺陷的轮胎或食品污染能够导致巨额金融负债，并损害公司的声誉。
- 公司在过去数年中不知不觉造成的环境污染可能回来困扰你。
- 如果系统备份不当，那么，技术故障能够造成巨大的损失。

- “黑客”可能在一年中的销售旺季入侵你的电子商务网站。

无论它们的起因是什么，危机对于商业成功和生存形成了一种持续的威胁。因此，每一家公司和每一位管理者必须作好处理危机的准备。而且，在危机发生前，这种准备工作应该尽早地进行。

本章针对危机管理提出了一种“6 阶段”法。这些阶段根据洛克希德·马丁(Lockheed Martin)公司的前任首席执行官诺曼·奥古斯丁(Norman Augustine)在《哈佛商业评论》上发表的关于这个主题的文章中所提出的观点改编。[2]这些阶段是：

阶段 1：危机的避免
阶段 2：作好处理危机的准备
阶段 3：危机的识别
阶段 4：危机的控制
阶段 5：危机的解决
阶段 6：从危机中学习

避免危机

危机如果处理不当会带来许多负面的媒体关注。但是，我们并没有经常听说某些危机被人们提前想到并被阻止发生。最著名的反例就是“千年虫”危机的预防。在 2000 年的元旦，世界上几乎所有的电脑都顺利地将日历切换到了新千年，而并没有出现任何故障。人们等着听到的关于故障的唯一的事情就是危机被阻止了。几年来，一些企业致力于在千年虫问题发生之前解决它。它们成功了。

每天，管理者都在不同程度地预防各种小危机。

- 一位销售经理注意到，在一份重要的销售提案的每一页中，一个客户的名字都被拼错了。他在销毁所有的复印件，并修改了错误之后，将新的提案在一家通宵营业的复印中心打印出来，他这么做挽救了公司，使公司避免了失去一个重要客户的可能。
- 一位财务经理，预见到了现金流量表中的一个不足之处，然后，采取措施来提前收取应收款项，控制所有的自由支配经费，确定公司的银行可用信贷额度足以应对预期的资金短缺情况。
- 当得知一位重要员工已经接受了另一家公司的面试后，她的老板采取措施来确定潜在的替代人员。

这些管理者中的每一位都是主动地去避免危机。这么做是他们分内的工作。你也必须这样做。

可能避免危机的最好方法是对你责任范围内可能出差错的所有事情实施系统化的审核。危机审核涉及到以下几个步骤：

- 使危机计划成为你日常计划的一部分。无论你是管理一个企业还是一个部门，你都必须要为未来制定战略计划，而这个计划中就应该包括危机计划。因此,将危机审核纳入你的计划过程。

- 广泛地收集想法。人们对于潜在危机的看法通常是大相径庭的。通过与你的部门、区域、公司内部的员工以及与客户和供应商群体的交谈,你能够收获一些令你意想不到的信息。例如,一名销售代表可能告诉你,“我们很可能在明年失去最大的客户。”
- 确定内部弱点。如果,一份辞呈就能够导致一个重要的项目崩溃,那么,人员配备不足就是你的一个内部弱点。拙劣的培训质量培训出的员工的表现必然是拙劣的,他们未达到标准的工作最终将使有缺陷的或者不安全的产品到达消费者手里。
- 确定外部威胁。外部威胁可能是新工艺的出现——这可能使你的产品显得陈旧过时。也可能是一个迫在眉睫的调整变化。

当你实施危机审核的时候,请特别注意这些领域:健康和环境问题,潜在的技术故障,经济和市场的多变性,与客户和供应商的关系。针对这些领域问自己如下问题:哪些是最容易出差错的事情?哪些是最可能出现的危机?

一旦完成了对情况的审核,你就应该开始采取积极的措施来预防危机。例如,如果你已经发现 IT 系统和系统中的所有文件可能由于火灾或自然灾害而损坏或丢失,那么你就可以采取措施来创建一个备份系统。

作好处理危机的准备

在审核中确定的一些潜在的危机可以通过预防性的行动来避免，但是另外一些危机，例如，自然灾害和员工的犯罪行为，将始终保持着威胁。如果你不能绝对避免这些危机，那么，你至少可以制定处理这些危机的计划。例如，如果自然灾害在你的审核清单上，你可以制定一个计划来疏散员工，通知第二班次的工作人员待在家里，等等；如果员工在上下班的公共交通方面受到了罢工的威胁，你可以制定一个合伙使用汽车的计划来帮助员工解决上下班的问题。

集体讨论可能发生的情况

让不同职能的员工来参加集体讨论会议是制定应急计划的一种最多产的方法，因为，如果潜在的危机变成现实，任何单独的个人都不可能预见太多可能发生变化的事情。同时，想想你的危机计划可能产生各种结果——好的和坏的。参考下面的例子：

> 当一家汽车修理连锁店希望改善销售疲软状况的时候，管理人员提出了技工销售刺激的办法。他们带来越多的工作，他们的奖金就越多。不幸的是，一些技工开始推荐一些不必要的修理。而客户开始投诉他们的敲诈行为，这家连锁店

的声誉也因此受损。与此相似的是，一家工厂提出了员工找出缺陷产品的刺激办法，但是，这个政策鼓励了一些员工为了得到奖励而故意去破坏产品。同样，一家比萨饼(Pizza)公司递送比萨饼的承诺是“在 30 分钟内送达，否则免费”，这导致驾驶员超速行驶并多次引发汽车事故。

你没有必要覆盖所有的可能发生的事情，但是，细致谨慎的思考有助于你预防问题的发生。

组建一个危机处理团队

由有组织和对于危机作好准备的人组成的团队在紧急情况出现时的表现总是要好过临时组成的“专案组”。因此，可以考虑围绕着主要威胁组建一个危机处理团队。例如，一个围绕着可能发生的火灾或风暴对办公室造成的损害而组建的团队会安排在这种危机发生的时候必须做的一些事情和去做这些事情的人。这些可能包括：

- 决定撤离大楼的方法；
- 制定联系所有工作时间以外的员工的计划；
- 考虑在哪些情况下需要要求员工待在家里；
- 应付政府机构和媒体；
- 在大楼正在维修或需要重建的时候找到临时办公区。

因此，每一个危机处理团队都会在总体计划内制定专题计划。这些专题计划的小“创意”将使团队成员为处理可能不断变化的情况作好准备。

危机的识别

有些危机是明显的。例如，你将车开进停车场后发现消防员正通过你的办公大楼的窗户抽水。另外一些危机是不太明显的。参考下面的例子：

> 几年前，有人提醒一家大企业的首席执行官说，他的一家子公司——一家电影公司——的总经理被怀疑贪污和伪造支票。这位首席执行官忽略了这个问题，他不愿意相信这个人会犯这种罪行。但是，问题并没有消除，事实表明，有些事情不对劲。当首席执行官决定解雇这位总经理的时候，这位聪明的窃贼已经使董事会的成员站到了他这一边。董事会坚持留住这位总经理。情况变得很糟糕，很快新的谣言使这家电影公司、母企业和所有受牵扯的公司和个人——包括这位首席执行官——的名誉受损。这是一种丑陋的、令人痛苦的局面，如果当初能够意识到这个潜在危机并迅速处理就可以避免这种情形的发生。

另外一些企业也有类似情况的报道。例如，一家餐饮连锁店存在着普遍歧视少数族裔员工的问题。这些问题在公司内部是人所共知的，然而，公司的领导层却不采取任何措施，直到公司遭到诉讼。在 24 小时内，全国的各大主要报纸上就刊登了这条新闻。

许多主管和管理者不愿意面对使人不愉快的情况。他们或是不愿意相信坏消息，或是不愿意处理它们。不幸的是，使人不愉快的情况可能是危机迫近的信号。

不是所有的问题都是正在形成的危机；管理者如果将所有问题都当作即将到来的危机来对待，就会耗尽精力。因此，当你看到一个问题的时候，如何识别它是不是危机呢？这里有几点建议：

- 当你的本能告诉你"这里有什么不对！"的时候，你就要注意了。
- 在令人担心的事情打扰你之前，勇敢地面对它们。不要忽略它们，或将其合理化，也不要试图将它们的重要性最小化。相反，要对这些事情进行调查研究。
- 万一令人担心的事件成为现实，仔细考虑一下后果(财务损失，身体伤害，公司声誉，等等)。
- 让价值标准成为你的指导方针。什么是重要的？哪些是要去做的正确的事情？例如，如果一个分包商非法地处理你公司的有毒废物，损害环境，更可能危及到人们的生活，而你怀疑公司对此熟视无睹，那么，去做你的价值观驱使你去做的事情：与这种情况对抗。不要让真相被掩盖。

危机的控制

当危机真的到来的时候，你要做的第一件事就是控制损失。这意味着快速地作决策并亲临现场。你的亲自到场是非常重要的。这能够让所有人知道你对正在发生的事情非常关心。同时,你必须就至关重要的信息和关键人员沟通。参考下面的例子:

一家超级市场连锁店由于销售变质的肉制品而被一家大型的电视广播公司曝光。新闻播出后,这家公司的股票价格暴跌。但是,公司的管理团队反应迅速。他们采集事实,听取股东们的意见和建议,同时,密切注意超市的员工。

一旦他们掌握了事实,他们马上将计划转化成行动。他们立刻停止了不新鲜肉类制品的销售,然后,在肉类制品准备区安置大型窗口,这样公众就能够看到肉类制品包装的过程。他们扩展员工的培训,让公众参观设备,同时,利用折扣来吸引顾客重新回到店里。这家公司最终获得了卫生当局的好评,同时,销售也恢复了正常。

果断

果断是有效危机管理所必需的。紧急事件不可能给你提供充裕的时间让你像作正常决策时那样认真地思考。行动迅速的管理者能够很好地稳定住情况,并赢得同僚和下属的信任。参考下面的例子:

当办公大楼的一个区域在傍晚的一场暴雨后大量进水的时候,计算机,地毯,文件档案和 10 位员工的办公区被严重损坏。在员工到达的时候，管理者已经来到了现场，并在指挥着打扫卫生。她仅用了几天时间就使一切恢复了正常。但是，员工们又出现了呼吸问题，并经常抱怨头疼。尽管地毯已经被清洗过了，但是所有人都怀疑地毯上滋生了大量的霉菌。这位管理者不是将地毯再次清洗，或是等待预算的批准，而是将这个区域的地毯全部撤走更新。

这位管理者证明了在处理危机所必需的两个基本品质——果断和关心。首先，她亲自来到现场，这表示她和公司对此事的关心。她果断更换发霉地毯则证明她认为员工的健康比其他任何因素都更重要。

果断不是那么容易做到的。实际有用的信息通常很有限，而且没有时间来采集事实，或者研究可供选择的办法。在缺乏这些条件的情况下，你必须将你已经采集到的事实和你如何去做正确事情的判断力结合起来。

沟通

在危机发生的时候，在管理者解决危机的办法中，沟通是最有力的工具。沟通必须从危机处理团队延伸到所有的股东。

进行沟通的时候，你的措辞要小心谨慎。你所说的话和说话的方式将决定理解和指挥行动的好与坏。但是，要根据事实来说。你没有必要去推测。对于围绕着这些情况迅速地传开的谣言和误传来说，事实是你最好的对抗手段。你要避免这些典型的却不适当的言辞：

“无可奉告。”

“我们没有收到任何投诉。”

“犯了一个错误。”

危机的解决

解决危机要求快速、自信地作出决策。但是，在事件快速发展阶段，在情况混乱期间，在难以权衡轻重的时候，你怎样才能作出正确的决策？答案是：确定真正的问题所在，并获得相关的事实。

在危机发生的情况下，相关事实的获得并不是一件容易的事情。通常会涌现很多信息，而大多数的信息是不准确的、不确定的，或只不过是谣言而已。你的任务是通过询问正确的人员，听取最可靠的意见和亲临现场来找到事实与真相。一位领导者在危机中的反应应该是：

- 面对危机；
- 将畏惧转化为积极的行动；
- 保持对新进展和新信息的警惕性；
- 将精力集中在需要优先考虑的事情上——首先要确保员工的安全，然后确定下一个最重要的需求；
- 对可控因素进行评估和作出反应，忽略那些不可控因素。

危机控制诀窍

- 避免指责他人。指责他人的冲动几乎是无法压制的。但是，寻找“替罪羊”会起到适得其反的效果。将精力集中在处理危机上，将指责留在危机过后。
- 不要承诺你无法兑现的事情。“少些许诺，多些践诺”要远远比“过度承诺，践诺不足”明智。
- 不要担心规定。规定、政策、体系、程序和预算是为了在正常商业情况下保持秩序和提供生产过程而制定的。这些规定在制定的时候并没有将危机考虑进去。因此，为了战胜危机，尽管放手去做，不要担心规定。

从危机中学习

每一个危机都包含坏消息和好消息。坏消息是，危机痛击了你的公司。好消息，有时也是唯一的好消息是，这次的经验有助于你避免未来的危机。但是，你要充分利用这个短暂的机会。

工程师利用地震和地震造成的破坏来提高公路、桥梁和建筑物的坚固程度。你可以通过实施危机过后的审核来做一些类似的事情，从你的组织所遭受的“地震灾害”中学习，甚至获益。以下的一些建议能够给你一些指导。

在危机过后，趁人们记忆犹新之时，尽快实施危机回顾。然后，从头至尾对危机进行分析。指出使危机突然发生的行为、假设和外部因素。然后，问自己以下这些问题：

- 基于当时已知的情况，危机是否能被预防？如何预防？
- 我们何时意识到已经处在危机之中？我们能否提前意识到这些信号？
- 哪些警示信号被我们忽略？我们注意到了哪些信号？
- 在对危机的处理过程中，我们所采用的行动是否得当？有哪些方面我们能够做得更好？

让更多的人参与进来。你需要了解每一个人的经历，尤其要重视最重要领域的专家的经历。一旦你明确了这些问题的答案，就把这些写入你的避免未来的危机和危机处理的计划中。

有关危机管理的常见问题

由于不可能在短短的一章中涵盖危机管理的所有详细资料，因此，我们以对一些常见问题的回答来结束本章。或许，这些问题中的一个或几个与你的情况有关。

如果老板想要掩盖问题，我该怎么做？

首先，就这个问题的重要性与你的老板进行谈话。如果，谈话没有起到任何作用，那么，找一份新的工作，或者揭发，或者两者都做。如果，你的老板掩盖了一个问题，你包庇他或做得看起来像在包庇他，那么你就有可能成为“替罪羊”。

在不确定问题的真实性或完全避免的可能性的时候，我是否应该向老板，或者同事来揭露这些可能存在的问题？

一般而言，最好揭露可能存在的问题。没有人愿意被当成那个喊“狼来了”的人，但是当你感觉到严重问题的时候，依然保持沉默却是更大的错误。

如果发现一名能干而且忠诚的员工为了公司的利益而违反法律，我该怎么做？

当涉及到违反法律的时候，目的并不是最重要的。应当立即向司法当局或法律部门揭露这种违法行为。

我该如何处理正在破坏士气的谣言？

攻破谣言的最有力的“武器”就是事实。管理者要非常坦诚，而且应该让各方及时获得信息。这些可以通过网站、电话交流、录音讯息、备忘录、小组会议等方式来实现。

我如何做到在完成自己的正常职责的同时解决危机？

你可能做不到。当危机真的发生的时候，解决危机才是当务之急、重中之重。如果可能，那就把日常的工作责任授权给有能力的下属。

如果我必须跟媒体谈话，我的讲话应该是不公开的吗？

一般来说，不公开的讲话是不可取的做法。如果不希望自己的讲话被公开发表，就不要作任何讲话。在极少的场合，不公开的讲话对提供背景信息有帮助，但是，只有在特殊的情况下才能这么做。

如果，我在负责一个外地的团队，我应该回到有着良好沟通和员工支持的总部，还是留在危机发生地？

很明显，最好的回答就是根据情况而定。然而，一般来说待在"风暴的中心"是最好的。

是否应该公开危机可能导致的糟糕结果？

有影响力的领导者不应该是悲观主义者。出于同样的原因，优秀的领导者必须是现实主义者。许多人，包括大多数员工在内，宁愿知道所有合理的可能结果，也不愿意被极其负面的结果所震惊。采取完全坦率的策略，而且，危机中受欢迎的积极消息总是存在的。

我是否应该公开承认错误？

如果犯了错误，那么通常的回答是"是"。当然，也要考虑因此而牵扯到的法律问题。从长远观点来看，如果没有其他原因，承认错误要好于最终真相大白。

公共关系的负责人在危机发生的时候是否可以担当对外发言人？

如果危机影响了整个企业，那么，首席执行官应该成为发言人。只有最高层的个人才有权力来代表整个组织发表讲话。如果危机只发生在企业的局部，那么，公共关系负责人通常是合适的发言人。

小　　结

- 你完全可以通过预见危机发生的可能性和采取预防措施来避免一些危机。
- 有些危机是你无法控制的,制定计划来处理这些危机。
- 当你发现危机的时候,坦然承认危机。
- 遏制危机一定要做到果断、迅速。与所有股东就事实进行沟通。
- 危机的解决需要基于事实的迅速且自信的决定。
- 一旦紧急情况结束,实施事后调查分析来从中学习经验。

10 你的职业发展

10 你的职业发展

——你和下属的职业发展

本章重点话题

- 确定你的核心职业兴趣、工作回报价值和技能
- 在你的组织内部找到职业发展的良机
- 利用职业阶梯和良师
- 下属的职业发展

世界在不断变化，"工作世界"也在随之改变。很多年以前，"计算员"曾是一种职位类别。那些拥有数学能力而且细心的人被指定去完成填写保险精算表、炮弹轨道表等数学类的工作。如今，这些职位已经被淘汰，相关工作也被移交给与"计算员"近似名字的机器来完成。

管理工作同样也因为变化受到了影响。如今，独裁主义的命令和控制已经让位于管理者和员工之间的合作。决策制定权已经下放到更低的级别。现在，许多任务通过团队来完

成。同时，公司期待着包括管理者在内的每一位员工，都能用更少的资源来创造更多的效益。每一种变化都对管理者及其工作和职业产生了影响。在过去的5年中，这种变化是怎么影响你的？

即使缺少这些总体发展，你的职业也会因为你自己的改变而发生变化。你正在获得技能、经验和判断力。每一点都会使你对于你的老板来说更有价值，但是，对别的公司来说却不是。这段时间还会产生更重要的自我理解，你可能获得更好的自我价值意识、能力和职业热情。问题是，你职业中的变化是否应该任其自由发生，还是应该引向某个目标？如果你选择后者，那么职业发展能够给你提供帮助。

职业发展是评估你处在工作生涯的哪个阶段，决定你的职业目标，然后作出达到目标所必须的改变的过程。这是一个你可以管理的过程。管理一个人的职业需要你将你的职业发展看作是一条路线或一个方向，而不是一个点或一个职位。

本章将为你的职业生涯管理提供实用的意见——无论它是刚刚开始，还是已经在进行当中。

不要只是向上

很容易将职业发展想成是在梯子上向上爬的过程，从入门职位开始爬到组织的最高点，就像图10—1中显示的一样。这对于大多数人来说是实际的。但是，认为垂直移动是唯一的发展道路是非常局限性的想法，将员工限制在职位和职业中对于他们来说并不是最理想的。参考下面的例子：

> 在图10—1中所示的职业阶梯上，希拉(Sheila)是一位联合销售代表。由于工作完成得非常出色，她的经理希望她能够上升一个阶梯。尽管，开朗的个性使希拉成为了一名成功的销售人员，但是，让她从事销售工作却是错误的。因为希拉真正喜欢的，而且也在不断学习的是修补技术、创新和搞清客户的真正需要。

如果，将希拉的职业发展方向改为产品开发，那么，她会得到更多的自我实现，并作出更大的贡献。只有这样，才能让她更好地发挥才能，将已经掌握的客户需求知识运用到自己喜欢且擅长的领域。

希拉的案例建议员工——尤其是处于职业初级阶段的员工——停止考虑职业阶梯，而应该开始考虑职业“网格”。“网格”思想(图10—2)鼓励员工们沿着他们的兴趣、价值观和个

图 10—1　爬梯子

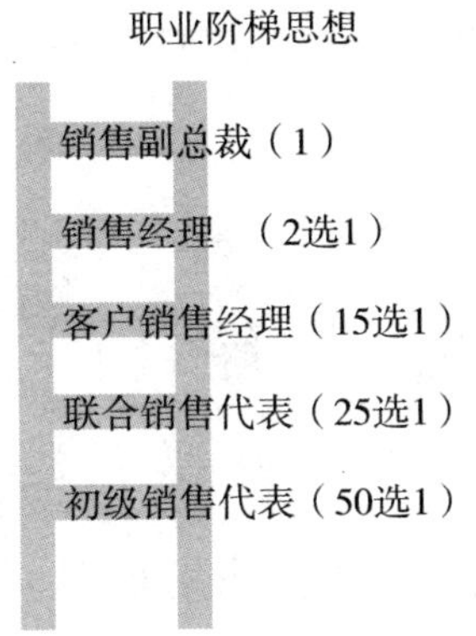

资料来源：Harvard ManageMentor®.

图 10—2　职业网格结构思想

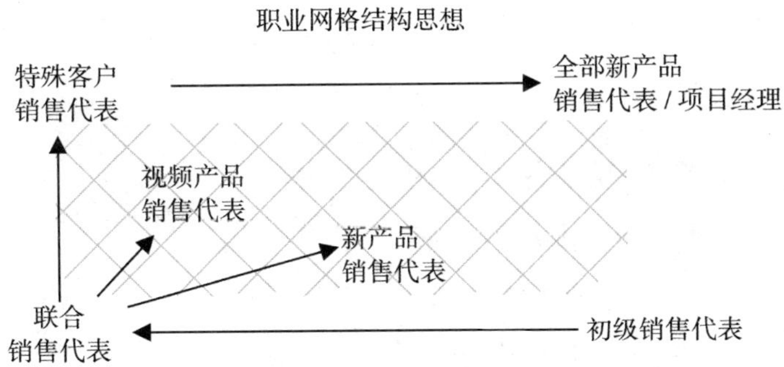

资料来源：Harvard ManageMentor®.

人长处发展。“网格”类比法将员工们从认为晋升和能力发展的唯一出路是沿着单一职能的狭窄路线向上爬的思想约束中解放出来。“网格”思想允许他们沿着自己的兴趣、价值观和长处发展。

首先，了解自己

沿着个人的兴趣、价值观和长处发展是成功的职业发展的基础。这个基础确保了员工们在他们的发展道路上更具价值，对他们的工作生涯更加满意。建立这个基础的唯一方式就是了解自己。

哪些是你最热衷的职业兴趣？哪些是你最重要的工作价值观？你能确定你最擅长的技能吗？回答这些问题并不是那么容易，尤其是对于那些正处在职业初级阶段的员工。但是，回答这些问题对于职业管理来说是最重要的一步。这能够帮助你确定以下几点：

- 你喜欢做哪种类型的工作
- 让你获得最大满足感的工作
- 你更喜欢在哪种环境下工作
- 你喜欢和哪种类型的人在一起工作
- 你愿意去进一步发展的能力

你拥有三个了解你自己的信息来源：自己；同事、朋友和家人；正规的评估工具。利用自己作为信息来源，你要深入地了解自己，这样才能确定关键主题。问自己身上最珍视的是什么？最特别的是什么？最独特的才能是什么？想象自己即将退休，回顾你的全部职业生涯。然后，完成这些句子：

我最自豪的是____________________。

我希望自己在____________________方面做得更多。

这些陈述暗示了你的哪些兴趣、价值观和技能？

那些最了解你的人通常是了解你的工作兴趣、价值观和能力的最好来源。事实上，如果你将首席执行官作为你的职业发展目标，那么，你可以将这些人当作是你的"董事会"。

在你的私人"董事会"的帮助下，利用下面每一个行动来增强"自我了解"：

向你的同事咨询"我在公司的声誉如何？我最出名的是什么？"

然后，询问你的朋友。选择 5 至 6 位最了解你的朋友。准备好写有下列问题的问卷，请他们来填写答案：

哪四个词语最适合用来形容我？

如果你最好的朋友希望通过你来了解我更多的事情，你会怎么说？

什么事情看起来能够激励我？

哪个职位对我来说是最理想的？

哪些事情看起来能够使我最满足和最兴奋?

哪些工作对我来说不适合?为什么?

关于自己,我有哪些方面还没有意识到?

为了更加成功,我需要在哪些方面做出改变?

我在哪些方面不需要改变?

了解改变的最佳时机

了解你自己还有另外一个重要的部分:确认发掘新工作机会的合适时机。这种信号对于不同的人来说是不同的。然而,这个清单列举出了关于你已经不太适合目前的角色,而应该做出改变的可能性的一些暗示:

- 当星期一早上重新来临的时候,有一种恐惧的心情
- 羡慕别人正在做的工作
- 不安或厌倦
- 对于你工作中的重复的事物有一种循环的感觉
- 对生活中的非工作领域兴趣增加
- 丧失了前进的动力

收集所有的回答,然后从中寻找共同的主题。这些主题将为你的兴趣、价值观和技能提供线索。同时,一定要对你的"董事会"的诚实和富有思想性的关注表示感谢。知道你正在利用他们所提供的信息和洞察力,他们会非常高兴。

当然,还有更多正规的评估方法能够帮助你搞清自己最深层的兴趣、价值观和技能。这些方法能够从可以对你进行测试并解释结果的私人职业顾问那里得到。你公司的人力资源部门也可以

提供同样的服务。

你的核心职业兴趣

我们已经说过，对自己的了解应该集中在你的职业兴趣、工作价值观和技能上。在这些之中，由于很多原因，在进行职业管理时，核心职业兴趣是你要搞清的最重要的特质。兴趣与价值观和技能相比更加固定。测试已经表明，随着时间的流逝，核心职业兴趣几乎不会发生变化。与之对照的是，你的工作价值观和技能可能会随着时间的推移而变化，这取决于你当前优先考虑的事情、经验和所受的训练。

兴趣同时也是工作满意度的一个最好的指示器。拥有适合工作的技能并不一定意味着你在这个工作中能够找到满足感。如果没有对工作的浓厚兴趣，很快你就会感到疲惫不堪或感到厌烦——不管你多么擅长做这份工作。

什么是核心的职业兴趣？它们是长期拥有的情感上的激情。它们源自你的个性，它们对能够使你高兴的各种行为产生着影响。在过去的 10 年里，基于对在不同行业工作的大约 650 名专业人员的访谈，心理学家蒂莫西·巴特勒（Timothy Butler）和詹姆斯·沃尔德罗普（James Waldroop）开发了一个概念框架，列出 8 种“嵌入生活的兴趣”，人们通常能够从中找到自己的兴趣：[1]

1. 技术应用

2. 数量分析

3. 理论研究与思考

4. 创作

5. 建议和指导

6. 人际关系管理

7. 企业管理

8. 通过语言和思想来施加影响

这些嵌入生活的兴趣——经常互相重叠——在评估你是否适合某种工作时非常有用。

注意:巴特勒和沃尔德罗普的 8 种兴趣为他们的基本评估工具"职业兴趣目录"(Business Career Interest Inventory)和他们的在线职业管理体系"职业领袖"(CareerLeader)提供了理论基础。

技术应用

在技术应用方面有兴趣的人对事物的工作方式感兴趣;他们寻找更好的利用技术解决商业问题的方法。像巴特勒和沃尔德罗普所写的那样,"拥有这种生活兴趣的人通常喜欢那些与制定计划、分析成果、开发操作系统和重新设计商业流程相关的工作。"[2]他们引用了一个财务管理者的例子,此人还担任公司的非正式计算机顾问的角色,因为他喜欢这种工作带来的挑战,要远胜过他的常规工作。

数量分析

巴特勒和沃尔德罗普写道:"一些人不是仅仅擅长于驾驭数字,他们在这方面表现非常杰出。他们将这个看作是最好的,有时也是唯一的解决商业问题的方法。同样,他们将有关数学的工作当作乐趣……。不是所有的'理学骑士'所从事的工作都是他们最深的'内在生活兴趣'所在。"事实上,有不少人发现他们由于错误的原因而选择了其他的工作:只因为被告知"如果沿着自己的真实兴趣前进会使职业前途变窄"。

如果你对现金流分析、预测销售方法和其他的基于数字的行为感兴趣,那么,数量分析也许就是你的核心职业兴趣。

理论发展与概念思考

据巴特勒和沃尔德罗普所说,对一些人来说,没有什么事情比思考和谈论抽象的想法能带给他们更多的乐趣。如果你对创造商业模式、解释存在于你所在行业里的竞争或者分析你的商业单位的竞争地位感兴趣,这可能就是你的核心职业兴趣。

创 造

具有这种内在兴趣的人是富有想象力和创造力的思想者。他们在集体讨论会议中如鱼得水且全力以赴。巴特勒和沃尔德罗普写道:“许多企业家,研发科学家和工程师拥有这种生活兴趣。他们中的大多数人对艺术非常感兴趣……。许多拥有这种兴趣的人倾向于创造性的行业,例如,娱乐表演。”[3]

这描述的是你吗?

建议和辅导

有此嗜好的人喜欢传授知识。在商业中,传授知识包括训练和辅导。许多人都喜欢感觉到自己对其他人来说是有用处的;一些人能够从他辅导的那些人取得的成功中得到满足。

你采用直接报告的形式与下属的交流就是一个很好的反应你这个兴趣的线索。你喜欢训练你的员工吗?你是否已经用你的方式扮演了一位导师,来辅导年轻的同事?

人际关系管理

拥有这种生活兴趣的人喜欢日复一日地处理人际关系。他们的满足源自工作关系,除此之外,他们比那些从事建议与辅导工作的人更注重结果。

你喜欢去激励、组织和指挥其他人吗?如果是,人际关系管理可能就是你的核心职业兴趣。

企业管理

这些人喜欢从事管理工作，无论是在高中班级，还是在公司的一个部门。在自己的一小片天地中拥有决策权的时候，他们是最高兴的。这描述的是你吗？你是否要求获得足够自己支配的权利？

通过语言和思想来施加影响

拥有这种内在兴趣的人喜欢讲故事、谈判和劝导。他们通过写作、演讲，或二者兼有的方式来达到最大的满足，他们常被吸引到公共关系、新闻业和广告业等职业当中。如果你是例行公事地自愿去详细描写项目建议、新产品介绍和其他类似的文件，这可能就是你的内嵌兴趣。

你的工作价值观

当人们谈到价值观的时候，人们所指的是很多不同的事情。例如，我们中的很多人谈到家庭价值观、国家价值观或精神价值观。工作价值观是你对于工作所得回报的价值标准。这些价值是能够激励你，使你对工作充满激情的东西。比如，获得财富的真实的机会，智力挑战，与你崇拜或尊敬的人建立联系，或满意的工作与生活的平衡。

了解你的价值观能够增加你选择到满意工作可能性。了解你的价值观还有一些其他的好处。你可以更有效地“选购”合适的发展良机。就像你如果清楚想买具有哪些功能的电脑，在选购电脑时就能很容易作出判断一样；如果你清楚自己最在意的回报，就能更明智地判断一个工作机会是否合适。那么你就能更好地使自己的回报价值观与组织的或部门的文化相匹配。

工作回报显示出一个组织或部门的文化——员工们做事的方式，他们所期待的，他们认为最重要的等等。一家大公司的不同部门（例如，工程、销售或人力资源）可能拥有明显不同的文化。通过了解自己的价值观，你能够选择提供满意回报的文化。

理清你的工作价值观

理清你的价值观有许多种不同的方式。一是问一些让你自己深入思考的问题，例如，“是什么在激励我？”“为了从事更满意的工作，我必须放弃哪些？”当你思考价值观的时候，无论如何记住，我们要尽量列出那些应该拥有的价值观，像“利他主义”；同时，避免列出那些不应该拥有的价值观，像“渴望威信或金钱”。在做这些练习的时候，尽量诚实、真实地回答将使你评估和选择最适合的工作机会变得更加容易。

注意：你会在附录A中找到便于使用的"薪酬工作表"。利用它来指导你自我评价工作价值观。你同样可以在哈佛商务指南网站上找到这个工作表和其他互动工具，网址http://elearning.hbsp.org/businesstools。

实用技巧

这里有一种帮助你挑选出你的真实工作价值观的实用技巧。在索引卡片上写下你能想到的全部工作价值观，每个卡片上只写一种价值观。这些可能包括：

- 一种公开的、和谐的和友好的环境
- 成为行业的专家
- 好的健康和育儿福利
- 职工优先认股权、养老金计划和分红制度
- 日程安排的选择权，例如：弹性工作时间、远程办公和休年假

在每张卡片上，写下价值观对于你的意义的简洁描述。然后，按照重要性将这些卡片在桌子上排列开。如果有两种或者更多的价值观看起来对你来说同等重要，那么将它们并列摆放。如果你判定一种价值观对你来说并不重要，那么，将这张卡片放到一边。

现在，注意你的卡片的顺序。这些卡片的顺序会反映出你的偏爱。你不要担心哪一种价值观在此刻会"浮出水面"或者难以决

定看起来重要性相同的两种价值观哪一种更重要一些。记住或写下这个阶段卡片的排序。

将这堆卡片放在一边。在一个星期或者两个星期之后，重做一次排序，看看结果是不是有些改变。重复这个过程，直到确信卡片的等级能够正确地反映出你的工作价值观。在你考虑职位选择或职业发展机会的时候，将你排在前面的三个或四个价值观作为你的“购物清单”。

你的技能

为了管理你的职业发展，你已经确定了自己的核心职业兴趣，并理清了工作价值观。你同样还需要评估你的职业技能。这三种本质集中到一起才成为你选择最合适的职业发展机会所需要的“自我了解”的基础。

但是，确切地说，什么是职业技能？技能分很多种类，而且有不同的方式来描述它们。这里有一些例子：

- 利用双手——装配东西、操作机械、修理东西
- 利用言语——阅读、写作、讲话、教学
- 利用感觉——观察、检查、判断
- 利用数字——计数、计算、记录
- 利用分析的思想或逻辑——研究、分析、区分优先次序
- 利用创造力——发明与设计

- 利用艺术能力——塑造、设计、装饰
- 利用领导能力——引进新项目、组织、指导、作决策

评估你的技能

哪些是你最具优势的技能？当你调查在组织里的发展机会的时候，你需要了解哪些是你最具优势的技能，哪些又是你愿意加强或获取的技能。同时，记住，有些技能是通用的，有些却不是。通用的技能是在任何商业领域中都可以使用的技能；例如，写作、员工管理，数据组织和房地产销售。

为什么了解你的技能是否是可迁移技能对你来说非常重要？因为，可迁移技能扩大了你的潜在工作机会。例如，如果你拥有会计或财务技能，那么从一家电子制造公司"跳槽"到一家钢铁制造公司对你来说不会是一个大问题。如果，你现在所在的公司使你的职业发展路线受阻，那么你可以转到别处，而不需要重新培训，或回到学校里学习。

但是，如果你的技能是不可迁移的又会怎样呢？不可迁移技能是"公司专有"的。这些技能只对你当前的老板（或者为数很少的其他雇主）有价值。例如，操作其他公司没有的、非常特殊设备的技能。如果，你拥有一种类似的不可迁移技能，那么，你的"跳槽"范围就会受到很大限制。从另一方面来说，你的老板也不会轻易雇用到一名可以替代你的人。

在评估你的技能的时候，适当考虑一下可迁移技能的问题。

因为,可迁移技能会对你的"跳槽"范围产生极大的影响。同时,在脑海中谨记这些要点:

- 在你成功完成一项工作所需的能力中,技能是"最低限度"变量。你需要足够的技能(例如,能举起 50 磅重的包裹),但是,在很多情况下,拥有更高水平的同一技能(例如,能够举起 500 磅重的包裹)不一定会使你更成功。
- 改变你的技能很容易。与你的核心职业兴趣和工作价值观相比,你的技能可以相对容易地发生改变。换句话说,你可以通过实践、培训和新的经历来提高现有技能或者获得新的技能。
- 每个人都有缺点。一些人认为他们必须擅长所有的事情。事实却是,我们所有人都有自己的优缺点。成功来自于扬长避短。
- 权衡获得新技能的成本和利益。新技能的获得可能花费时间、精力,有时候还有金钱。因此,在你评估一个潜在的新的工作机会的时候,考虑一下获得这个机会所必需的技能的成本。

注意:你会在附录 A 中找到"技能评估表"。利用这个工作表来指导你的自我评价。你同样可以在哈佛商务指南网站上找到这个工作表和其他互动工具,网址 http://elearning. hbsp. org/businesstools。

一旦你完成技能评估,接下来要做的就是将评估结果和你已经了解的你的核心职业兴趣和工作价值观结合到一起。所有这些将给出你一个关于自己职业立场、期望和前景的完整画面。

利用这些知识来挑选并评估你的职业发展机会。在你这么做的时候，记住这点：兴趣和价值观是最重要的。确定任何你所追求的机会都与你的核心职业兴趣和工作价值观相匹配。如果这点满足了，你可以下定决心去获得对这个新位置上的表现有帮助的新技能。

在你的公司内部找到你的职业发展良机

一旦你确认了你的真正的职业身份，找到职业发展路线上的合适位置是你下一步要做的事情。在大多数情况下，这个位置在你公司内部。如果是一个运作良好的组织，那么组织内部会有一个显而易见的过程来推动你进入一个更重要的知识、职责和职业发展的领域。最好的公司拥有基于培训、渐进的工作分配和辅导关系的规范的职业发展计划。这些公司认为职业发展能够有助于留住那些最应该被晋升的员工，并填补由于退休、“跳槽”和发展所留下来的空缺。这样可以为公司形成一个强大的群体，群体里面的人有一天会作为技术专家、管理者、高级决策人员来领导公司。

“检验与认识”的方法

如果你对自己真实职业身份的评估是错误的，那么，本章中所描述的评估步骤（兴趣、价值观、技能）会使你陷入麻烦；它可能鼓励你去做一个并不合适的改变。职业专家赫米尼娅·伊芭拉（Herminia Ibarra）提出了一种“检验与认识”的替代方法：尝试几种不同的职业角色，并不断精简，直到获得充足的经验来激发更多的决策性行动。她推荐的策略是：

- **实验。**在不影响现有工作的前提下尝试新的职业角色，可以通过在自由时间、休息日或者夜间做一些兼职工作来实现。
- **改变关系网。**通过为你崇敬或值得学习的人工作来建立新的关系网。寻找那些能够有助于你职业发展的人。
- **做有意义的转变。**你的职业身份总是在转变，但是，要保证每个转变都能围绕你的目标形成一个连贯的故事。

正如赫米尼娅·伊芭拉告诉读者的那样，“你的职业身份是你从事的工作、构成你职业生活的关系和组织、工作的原因与过程这三个方面的混合体。因此，重新塑造身份是随着时间的流逝去适应这三个方面的问题。”

她所描述的适应通常是尝试性发生并逐步增强，看起来好像是偶然事件。她提倡的检验、探索和适应的过程，无论如何，是一个逻辑过程的组成部分，也是大多数寻求职业变化的人可以学会的。

资料来源：Herminia Ibarra, “How to Stay Stuck in the Wrong Career,” *Harvard Business Review*, December 2002, 44。

这里有一些诀窍能够帮助你在公司内部找到满足职业身份和愿望的机会：

- 如果你的公司有职业顾问，与他们交谈。
- 通过填补即将离开或休长假的同事的职位来寻找机会尝

试不同的工作。

- 到人力资源部门去查看职位公告。
- 人际网。在组织里接触那些能够帮助你获悉和获得职业机会的人。问自己，“谁最了解组织的事情?”然后，与他们见面并探讨你的见解。
- 与有影响力的管理者和决策人建立关系。

职业阶梯

人力资源人员在谈到职业发展的时候通常会提到职业阶梯。职业阶梯是一种逻辑性的连续阶段，这个阶梯可以将有才能和奉献精神的员工逐渐推到更富有挑战性和责任的职位上。例如，在出版行业，一个有志成为高级编辑的人可以通过在产品或市场的不同职位上的锻炼来逐渐成为助理编辑和编辑。每一步都是为了提高他(她)的技能和对这个行业的理解。

正规的培训对在职业阶梯的不同梯级上的人来说是一个重要的元素。一些公司系统地分析个人的当前技能和经验水平，然后，将当前的技能和经验水平与达到下一个梯级所需要的技能和经验相比较。在确定需要和现实之间的差距后，制定一个结合正规培训、特殊任务和由熟悉的主管进行指导的计划来弥补这个差距。图 10—3 对此进行了描述。

职业阶梯会帮助你避免职业“高原”和被困住的感觉。如果你希望提高或进步，就应该永远感觉还有要学习的东西，而且愿意挑战一组新的职责。

你的公司是否有清晰的职业阶梯？问自己以下这些关于公司或运营单位内部的职业阶梯的问题：

- 目前，哪些职业阶梯对我来说是可得到的？
- 我能够利用到它们吗？
- 我是否清楚爬到下一个阶梯需要的技术和经验，并为此作好准备？
- 我怎么做才能“摆脱”职业高原？

图 10—3　填补技能和经验的差距

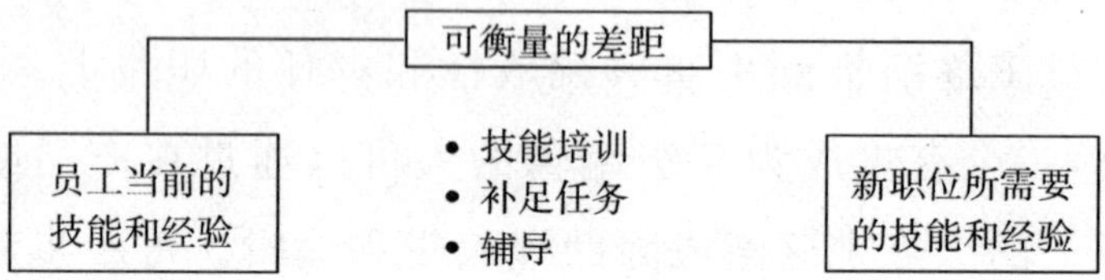

找到贤明的导师

大多数文化都赞扬自力更生的人。但是，事实却是，成功的人几乎没有是完全自力更生的。大多数人都能够找出一位与帮助自己获得更多的生活经验和指导职业发展有关系的人或老板来作为自己的导师。哈佛商学院教授琳达·希尔（Linda Hill）的研究得出这样的结论，至少有一半的决策人在他们的职业生涯中接受过老板的辅导。这个百分比可能正在上升，因为越来越多的内部职位申请人要求获得辅导机会来帮助自己获得新的职位。

导师对于职业发展起到了重要的推动作用。一些公司为有前途的管理者安排相关的辅导。如果你的公司不是这样，你需要找到一个能够帮助你的导师。哪种类型的人能够成为好的导师呢？这里列出的是这类人具有的特点：

- 能深切感受到你所面临的特殊挑战的人。例如，在一个男性占很大比例的组织里，一位女性决策人可以为一位女员工提供辅导
- 具有培养态度的人
- 公司文化的最佳代表人
- 具有高标准的人
- 在组织中拥有“像岩石一样坚固”的地位的人

下属的职业发展

对于你来说有益的事情，对于为你工作的员工来说同样有益——包括职业发展。作为管理者，你的工作之一就是提高下属的能力。在发展这种“人力资本”的同时，你也提高了组织的价值。同时，你也帮了自己一个大忙。毕竟，你只有发展一个人来胜任你的工作，你才能被提升到一个更高级别的职位上。

职业发展的诀窍

为你希望留住的每一个人提供职业阶梯。对于有晋升能力的个人，确定他们现在所拥有的技能和经验与他们进入下一个角色所需要的技能和经验之间的差距。然后，通过培训和适当的任务分配来弥补这种差距。

不要允许优秀员工在职业"高原"上感到困惑。如果，你没有做到这点，那么，你将失去这些优秀员工。此外，确定每一个需要合适的导师进行辅导的人，包括你自己。

帮助下属发展他们的职业，鼓励他们采用我们推荐给你的方法，即：发现内在生活兴趣、确定工作价值观和评估自己的技能。用这个方法来帮助下属或者为他们指定一个职业导师。

一旦他们找到了一个现实的职业身份，确定每一位拥有"合适材料"的员工拥有一个达到更高成就的职业阶梯。通过合适的培训方法和渐进的工作任务分配来帮助每一位下属在阶梯上向上移动。提供指导是必需的。

最后，设法将每一位有前途的下属和一位有效的导师联系在一起。在大多数情况下，有效的导师不会是你。老板—下属关系能够妨碍好的辅导。利用前面提到的标准来寻找其他人充当导师的角色。

小　结

- 发展自己的职业从自我了解开始，了解你的兴趣、价值观和优点。

- 核心职业兴趣比价值观和技能更固定。这些兴趣是长期保持的，富有情感的激情。它们源自人的个性和那些能够使人高兴的影响力。
- 运作良好的组织会提供一个显而易见的过程来推动你进入一个更重要的职责和职业发展的领域。
- 导师能够对管理者的职业生涯产生重要的影响。
- 就职业发展来说，对于管理者有益的事情，对于员工同样有益。管理者有责任提高下属的能力。
- 将每一位有前途的下属和一位有效的导师联系在一起。

经理人百宝箱

11 成为领导者

11 成为领导者
——终极挑战

本章重点话题

- 有效领导者的特点
- 调和紧张局势
- 如何制定一个其他人愿意实现的愿景
- 成为变革的倡导者
- 挑战自满
- 未经正式授权的领导

作为领导者与作为管理者是不同的，反之亦然。管理者是在复杂中创造出秩序，他们保证火车准点运行；相反，领导者所需要做的是处理模糊性的问题、变革和抓住机会，他要把火车带到从未去过的地方。当然，这些不同之处也不是完全准确的，领导者当然也要管理。为了发挥效力，领导能力不能仅仅只是体现于启发灵感和全局的视野，同时也必须要取得一定的成绩。

管理者也必须在他们的职责范围内起到带头作用。他们必须要制定一个其他人愿意实现的愿景,吸引相关的人力和资源,利用沟通技巧获得支持,整合资源,激发他人做出好的表现,驾驭创造性冲突产生的能量。这是本章的首要论点。

当代领导者所面临的挑战

过去,领导者通常被赋予至高无上的权力。他们是国王,是将军,是首席执行官。他们拥有绝对的权力,他们的指示在社会或组织内部具有极大的权威。如今的情形则大为不同。因为,现今的组织机构中没有那么多的等级,很多领导发现昔日的权威已经不再那么有用了;要想使人们按照正确的方向前进,他们必须依靠他们自身的影响力,交际手段和在沟通、解决冲突、激励等方面的技巧。

如今,正式的和非正式的领导者都必须思维敏捷且富有魄力。由于变化速度的加快,他们必须能够意识到机会或危险,还要能够调动整个组织及时地响应。最重要的是,在面对风险、不明确的问题和变化的时候,他们必须能够保持积极的心态。同时,他们还必须能够平衡组织内部普遍存在的紧张局势。

有效领导者的特点

管理能力通常表现为一些先天的特点：智力、自信心、远见、口才以及勇气、魅力和决断力的混合。史诗和古代历史故事歌颂过这些特点和拥有这些特点的个人。这里有一个例子，是白哈丁·本·沙达德(Beha ed-Din Ibn Shedad)在《萨拉丁传》(*Life of Saladir*)中对英国国王理查一世(England's King Richard I)的描述：

> 狮心王理查拥有可怕的力量、公认的勇气和不屈不挠的精神……。在威严和权力方面他不如法国国王，但他更富有、更勇敢。

很难想象有哪一位现代的领导者可以用这样一组词来形容。与之对比，这里是一些有效企业领导者的特点。你拥有其中的哪些特点？又有哪些是你能够获得的？

- 关心——他们强调下属的需求、关注和目标。
- 对于不确定因素游刃有余——他们能够在不确定、几乎没有任何指示的环境中开展业务活动。
- 坚持——要保持积极执着的态度追求目标，不怕障碍和失败。
- 优秀的交流者——他们知道如何去听、表现和在公众面前讲话。

- 有效的协商者——无论对外还是对内，有效的领导者总是在协商。
- 政策上的机敏——他们确切地了解组织的权力结构，仔细倾听最高权力小组的意见，而且知道从哪里获得所需的支持和资源。
- 幽默——在情况允许的时候，知道如何利用欢笑来缓解紧张的气氛。
- 头脑冷静——在混乱和迷惑中能保持冷静的头脑和沉着的态度。
- 富有魅力——能够轻松获得他人对组织目标的贡献。
- 富有挑战精神——使其他人相信自己应该设定更高的标准和接受可以使自己进步的目标。
- 有自知之明——他们知道自己的行为方式对别人产生的影响。
- 有长远目光——他们根据长期目标来安排短期工作。

这些个人特点可能是人们拥有的，也可能是没有的。有些特点可以通过近距离观察领导者来获得或模仿。具有这些特点的领导者的传记提供了洞察这些卓越领导者的个人性格的机会。

同时，观察卓越领导者的个性是一个有用的练习，但是观察他们所做的事情和做事方法也同样重要。他们做的事情包括：作出决策，即使在还未得到全部事实的时候；进行艰难的协商；制定他人渴望追随的计划；采取与价值相符的行动；鼓励普通人去做特别的事情；平衡组织的活动中固有的紧张局势。此外，近距离地观察领导者的表现有助于我们将我们自己的行为模仿得像领导者。

领导者必须平衡的紧张局势

刚刚提到的行为之一——平衡组织的紧张局势，在这里值得研究一下，因为这个问题很少被考虑到。每个组织都包含有内部的紧张局势。如果对其置之不理，这些紧张局势可能通过内部冲突的形式耗尽组织的精力。将这些紧张局势中的精力转化成好的用途是领导者的工作。在我们所发现的存在于组织中的紧张局势里，以下两个最为突出：

1. 强烈的竞争欲望。即使他们通过合作来击败竞争者，在一起合作的员工个人、团队成员和整个部门也不可避免地进行互相比较。有些人试图通过损害他人来达到使自己出类拔萃的目的。强烈的竞争本能促使他们追求赞誉和回报——通常是在损害他们的同事的情况下来达到自己的目的。强烈的竞争欲望是有能力的表现。但是，绝对不能允许因竞争而起的内部冲突。相反，必须引导强烈的竞争欲望，使之转化成为能够使整个组织受益的行动。有效的领导者能够做到这点。

T. E. 劳伦斯（T. E. Lawrence）的故事提供了一个领导者依靠

疏导内部紧张局势而完成许多目标的生动例子。在第一次世界大战(World War I)期间,劳伦斯被英国陆军(British Army)派往阿拉伯半岛(Arabian Peninsula),他的军队的使命是带领这个地区的贝都因人(Bedouin)部落反抗奥斯曼土耳其人(Ottoman Turks)在这个地区的统治,当时土耳其已经占领了半岛上的战略要塞。然而,这些部落之间互相攻击的渴望并不亚于对抗奥斯曼土耳其人的渴望。劳伦斯成功地改变了各个部落之间不和的紧张局势,将他们转变成为了一个为共同的目标而团结战斗的集体,他也借此成功而名声大噪。企业领导者也要常常面对类似的内部冲突。他们的工作就是将这种能力转变成积极的生产力。

2. 群体决策与决断。领导者共同决策的想法已经不是什么新鲜事了。伟大的将军和国王总是寻求值得信赖的顾问的建议,而且常常共同作出关键决策。这么做是否降低了领导者的影响力和权力呢？当然会,而且,在更糟糕的情况下,这能够导致作出的决定不是最佳的——“每个人的第二选择”。缺乏权威的领导者很难维护他们的决策权,然而精明的领导者则知道如何从获取忠告、承担挑战和听取不同意见中获益。他们知道如何充分利用群体决策,而不是要求领导层的核心集团接受自己的解决方案,有效的领导者要求团队着手解决重要的悬而未决的问题。例如,领导者与其告诉他的团队或工作小组,“这里是你们必须完成的预算削减,”不如说,“由于研发生产线目前无法使用,我们今天早上的任务是决定削减预算的最佳方法。告诉我你们的想法、支持想法的论据和可能的结果。”

然而，有些时候，在必要的情况下，除了群体意见以外，还有另外一种作出决策的方法。例如，当一个紧急情况出现的时候，需要立刻采取行动，这时就要求领导者自己作出决策。当团队成员们发现他们在其他方面的投入受到欢迎和认可的时候，他们会接受这种方法。一位轻视员工投入的领导者将会很快失去支持。

制定一个其他人追随的愿景

有效领导者能够制定一个其他人愿意用自己的勤劳和智慧来支持的愿景。

愿景是对所期待的结果的一种描绘：看起来像什么，如何运作，将产生什么样的结果。一个强有力的愿景要与下属深切的渴望达成共鸣。这里有一个赫尔南·科尔特斯（Hernán Cortés）在1915 年提供给追随他从西班牙（Hispañola）加勒比（Caribbean）岛出发去征服墨西哥（Mexico）的一群人的愿景。他的一位船长记录如下：

> 每一个具有灵魂的人都渴望通过自己的努力使自己与同时代或过去时代那些杰出的人一样优秀。因此，我将进行一项伟大而完美的计划，这个计划将会非常出名；因为，我从内心里知道，我们将拥有辽阔富饶的土地以及以前从未见过的人，而且，领土要远远大于我们君主的领土。[1]

以 21 世纪的标准来看，科尔特斯是一个海盗，他除了社会地位和财富以外，没有别的追求。然而，他却是一位非凡的领导者，他的愿景使追随者在充满危险和困难的漫长岁月里一直支持着他。这就是愿景所激发出的力量。企业领导者必须提供等效的愿景，才能够对追随者产生同等程度的吸引力，才能够使追随者聚集创造力和超额的努力来实现这个规划。

有效愿景的基本要素

当你制定组织或单位的愿景时，记住，有效的愿景必须要触摸到人们内在的渴望。它的"语言"能够被转化成现实的战略。它的实现过程可能充满挑战，但绝对不是不可实现的。它同样还拥有这些特点：它符合公司最重要的股东们的兴趣，而且阐明了对他们的利益。

愿景必须是容易解释和理解的；同时必须是有所侧重和直截了当的。即使，实现愿景是一个复杂的过程，也不要将它解释得那么复杂。

研究企业领袖学的学者戴维·布拉德福德（David Bradford）和艾伦·科恩（Allen Cohen）曾经评述，没有能够激发并引导员工能力的有说服力的愿景，就不可能产生重大的改变。"人们需要看到他们为改变而付出的所有努力是值得的。有时，这可以通过对渴望的未来状况的生动描绘来完成。……使抽象的改变形象化是非常困难的。"[2]他们使用的词汇"生动描绘"没有任何实际价值。由领导者提出的愿景绝对不能是抽象的或者含糊不清的；相反，必须用充分的细节来描述，使追随者能够看到或感受到这个规划。

成为变革的倡导者

与管理者不同，领导者必须成为变革的倡导者。他们必须洞察外部环境正在变化的信号，查知威胁和机会，并促使他人为成功或生存作出反应。

仔细思考一下在过去的几个世纪里世界发生的巨大改变。很可能你会把那些改变同一个、或少数个人联系在一起。哥白尼(Copernicus)和伽利略(Galileo)最终改变了我们关于在太阳系和宇宙中我们和其他星球相对位置的观点。查尔斯·达尔文(Charles Darwin)的物竞天择理论打破了已被公认的人类起源的古训。这个理论使人们改变了他们对人类起源各不相同的看法。思想家卡尔·马克思(Karl Marx)和"行动者"弗拉基米尔·列宁(Vladimir Lenin)发起了一场共产主义运动，在这场运动的巅峰时刻，几乎半个世界都受到了影响。亨利·福特(Henry Ford)和他的工程师们开发了一种全新的制造方法——生产线，这对于汽车产业和其他行业来说是重要的变革。在以上所举的每一个事例中，一个，或少数几个对世界有着不同想法的人对人类历史产生了巨大的影响。没有人在一开始就拥有重要的资源和支持。所有人都是依靠强有力的思想来创造改变的。所有的这些人就是我们所说的变革的倡导者。

变革的倡导者是"催化剂"，即使他们没有施加更大的推动力量，皮球也照样能够滚动。埃弗里特·罗杰斯（Everett Rogers）在其著作中大量地描述了变革和变革在社会中的传播，并将变革倡导者形容为“一只脚在旧世界，另外一只脚在新世界，是他人进入新世界的桥梁”。他们能够帮助其他人发现问题，并说服他们去解决这些问题。在他的观点中，变革倡导者发挥了至关重要的作用。[3]他们：

- 清楚地说明变革的需要
- 作为可信赖的和有能力的人被其他人接受（人们在接受信息之前，必须先接受这个传递信息的人）
- 从他们的听众的观点里寻找并判断问题
- 激励人们去改变
- 通过其他人把想法变成行动
- 稳定改革的步伐
- 鼓励他人的自我革新行为，这样他们就能够“改行”成为变革倡导者

你拥有这些特点吗？如果你拥有，你已经成为了一位领导者。如果你没有，着手发展这些特点。从“由里到外”审视你所在的公司或部门开始。这就是说，要置身事外，站在一个陌生人的客观的角度来进行观察。你所观察到的组织正在进行的活动是否与周围的世界保持一致，或者与现实失去了联系？如果是失去了联系，以领导者的思维来想出一些解决的办法。与其他人就这个问题进行讨论——既有单位内部的人又有单位外部的人——来获得更多的看法。然后，找到机会来提醒你的同僚和你的老板所面临的这些

问题和如果不作出改变所面临的危险。做一位变革倡导者吧！

使你的组织作好变革的准备

作为领导者和变革倡导者，如果组织没有作好变革的准备，对你没有什么好处。总的来说，如果一个组织具备了以下特征，那么，说明这个组织已经作好了变革的准备：

- 拥有高效的和令人尊敬的领导者；
- 有变革的动机，因为，公司的现状给人一种不舒服的感觉；
- 习惯于通过协作来完成工作。

如果不具备这些特征，领导者很难让员工进入新的发展方向，同时，使组织不断思考这三个特征也是领导者的工作之一。例如，如果你发现了一个来自于新技术或新的竞争对手的威胁，那么，你要做的工作就是挑战自满情绪，并营造一种紧张的气氛。领导者通过提高组织对现有问题的关注来实现这个目的。哈佛商学院教授迈克尔·比尔(Michael Beer)介绍了4种方法来挑战这种毁掉了很多组织的自满情绪：[4]

1. 利用有关组织所处的竞争形势来与员工就当前的和可能出现的问题展开讨论。他说，高级管理层通常不能理解为什么员工对生产力、客户服务或成本漠不关心。通常，这是因为管理层不能让员工接触到相关的数据。在缺乏数据的情况下，所有的事情看起来都是好的。员工们会说，“我们为什么要改变？我们为什么应该尽力？”

2. 为员工创造机会，使管理层能够了解他们的不满和遇到的问题。在大多数情况下，高级管理层对企业的弱点或存在的威胁不是很了解；而一线员工通过他们的日常工作经验，或面对面的与客户的交往，对这些事情非常了解。如果，这是你的公司存在的问题，那么，找出方法来增进高级管理层和一线员工之间的交流，这样就可以保持双方的信息流通。

3. 创建关于数据的对话。提供数据是其中的一件事情。创建关于数据的对话虽然十分困难，但是却更富有成效。对话的目的是共同了解公司的问题。对话的意义在于可以让管理者和员工交流彼此的假设和判断。

4. 设定高标准，并要求员工来达到这些标准。设定高标准的本身就是对现在的标准表示不满。约翰·扬(John Young)在惠普公司(Hewlett-Packard)担任首席执行官期间，他通过定期制定“延展目标”的方式为员工提供挑战，这些目标表面上看是困难的，但是，却不是不可实现的。一次，他要求员工将有关引发惠普产品保修赔偿的失败率减少 10 倍。而当时的失败率只有 2 %(低于当时的美国制造业的标准)，这是一项艰巨的挑战。还有一次，他要求将新产品上市的平均时间缩短 50 %。在这两个例子中，惠普公司的员工都成功地应对了挑战。

自我满足是变革常见的障碍。当人们对现状感到满意的时候，他们就会忘记那些需要改变的事情。你作为领导者的工作就是从自我满足中将他们唤醒。表 11—1 详细阐述了你应该寻找的一些自我满足的信号。

表 11—1　你的组织存在自我满足的情况吗?

自满的信号	实例
没有非常明显的危机。	公司没有亏本;没有大的裁员威胁。
公司按照低标准来衡量自己。	公司对照行业的平均水平来衡量自己,而不是对照行业的领先者。
组织结构专著于刻板的职责目标,而不是主要的企业绩效。	营销有一个标准;制造拥有另外一个不相关的标准;只有首席执行官使用普遍的标准(投入资本回报、经济附加值等)。
计划和控制制度可以作弊,使得每个人都可以轻松完成职责目标。	典型例子是,管理者或员工能够工作数个月而不遇到不满意或使他感到泄气的客户或供应商。
绩效反馈完全是内部的。不鼓励来自客户、供应商和股东的反馈。	这种文化决定了外部反馈是没有价值的或未被要求的。“客户不知道他们到底想要什么。我们知道。”
迹象表明需要变革,结果却遭致指责。	“这是制造的问题,不是我们的。”
管理层专注于不重要的问题。	“这艘船沉没了。让我们重新安排舱位。”
这种文化发出的是成功的潜在信息。	豪华的办公室,木质镶板,配有精美艺术装饰的公司办公室。
管理层相信它自己的新闻稿和神话。	“我们是这个国家最好的广告机构。我们设定了这个行业的行业标准。”

资料来源:改编自 John P. Kotter, *Leading Change* (Boston, MA: Harvard Business School Press, 1996), 39—41。

在你还不是老板的时候，要起到领导作用

如果你和大多数管理者一样，你常常会发现你自己处于一种拥有责任却没有权力的情况。[5]可能你领导着一个跨职能的团队，这个团队的成员不需要向你报告。或许你管理着一些外部的卖主。在其他情况下你可以拥有名义上的权力，但是，你发现你所管理的人员不愿意回应你的命令。在你缺乏命令权力的情况下，传达直接命令是行不通的。不过，你必须要起到领导作用。

那么，怎么做才能解决这种情况呢？一些研究领导力的学者简略地描述了他们针对这种情况设计的方法。南加州大学（University of Southern California）商学院的领导力研究所（Leadership Institute）所长杰伊·A. 康格（Jay A. Conger）提倡通过说服力来管理，他发现，他在研究期和商议课题期间观察到的大多数有效管理者都避免传达命令。

当然，真正的领导从来不存在形式权力的问题。只有周围的人承认他是领导的时候，他才能够成为一位有效的领导者。头衔并不能使你成为真正的领导者；真正的领导者应该通过他（她）的品质、态度和行为来显得与众不同。

每个人都不会对领袖魅力感到陌生。但是，最有抱负的领导者需要的不是领袖魅力。他们需要更多平凡的美德：努力工作的好名声，诚实正直的声誉，有感染力的思想，让人信赖的能力——

有人将这当作功课。你总是说到做到吗？你的同事认为你是一个能够一直说真话并能够接纳他的错误的人吗？你是第一个指出错误并制定新方法的人吗？单独的一种行为不会使你成为领导者，但是，如果缺乏其中的一种，你就会被排挤出竞争的队伍。

五步法

在你还不是老板的时候，没有唯一的最佳方式来帮你实现起到领导作用的目标。不同的情况——危机、长期项目等等——需要不同类型的领导者。然而，下面所阐述的五步法能够帮助你在许多情况下使其他人感觉不到"老板—下属"关系的存在。这个五步法是由哈佛谈判专家罗杰·费希尔（Roger Fisher）和他的同事艾伦·夏普（Alan Sharp）提出的，他们声称这个方法能够应用到你所参与的任何实际的项目、团队或会议中。

第一步：确定目标。当目标清晰的时候，人们完成的工作最多。这就表示，在任何团队中，排在第一位的事情所要达到的目标应该被清楚地写下来。那个提出"从搞清目标开始"以及在讨论和规划中起领导作用的人实际上就在担任领导角色，不管他（她）的职位如何。

第二步：系统地思考。观察你的下一个会议：人们通常局限于眼前的问题，只讨论如何解决。相反，有效的领导者更加系统化——他们收集并列出相关的数据，找出事因，然后，基于他们的分析提出解决方案。使用这种系统化方法，并用这种方法指导他们的行动的任何一个小组成员都能够成为事实上的领导者。他们的领导能力使小组成员能够专注于问题解决的过程,同时,他们通过询问适当的问题来增强他们的领导能力。

"我们是否已经拥有了分析这种情况所需要的全部信息?"

"我们是否能够专注于导致这个问题的原因?"

一旦确定了原因,他们就会带领小组成员使用相似的系统化方法来讨论问题的解决方案。

第三步:从正在进行的工作中学习经验。大多数团队干劲十足地着手一个项目,而且只有在项目完成之后,他们才进行事后评估来思考从中学到了什么。有时,从正在进行的工作中学习会更有效一些,这意味着小组的日常工作中增加了"小回顾"和作出必要的中途纠正。为什么进行中的方法要比事后评估更有效?答案是,数据在每个人的脑海里依然记忆犹新。评估能够吸引小组成员的注意力,因为,小组能够利用评估的结果来进行调整。同样,能够使小组专注于定期评估和学习的人,事实上扮演了领导者的角色。

第四步:使其他人参与进来。当小组中的每个人都能发挥技能并作出努力的时候,这个团队就是成功的。这并不是自然而然发生的事情。必须有人来促使它发生。领导者通过在小组成员的兴趣和技能与需要完成的任务之间寻找最合适的可能性来达到这个目的。你可以通过写下所有需要完成的任务和与之相匹配的个人或小组来实现这个目标。如果没有人希望接受一项特殊的任务,那么通过集体讨论来得出能使这个任务更有趣味或更富有挑战性的方法。如有必要,将这个任务分成其他人可以处理的几个小部分。同时,也要找出这个小组中的“安静成员”,这样所有人都能感到自己是团队的一部分。

第五步:提供反馈。即使你不是老板,你也能够提供有用的反馈。对其他人的努力表示感谢并不会让你付出什么成本,但是却能够赢得人心。例如,“我认为,你的工作完成得非常出色。”

一些团队成员能够领会你的指导并从中受益。“几年前我不得不处理同样的问题,我能告诉你我的工作方法吗?”(参见第七章关于指导的段落。)

给予目前受欢迎的各级团队、管理者担任没有正式权力的领导者的机会。在你面临着领导层的真空状况,或每当挺身而出能够改善这种情况的时候,利用这些机会。通过这些情况所获得的经验将有助于作为管理者和领导者的你不断发展和提高。牢记,如果你学会了在没有正式权力的情况下成功地起到领导作用,那么,在拥有正式权力情况下的领导会更加轻松。

小　　结

- 有效的领导者拥有许多共同的特点。这些特点是关心、对于不确定因素游刃有余、坚持、是优秀的交流者和有效的协商者、政策上的机敏、幽默和头脑冷静。他们还有效地做到了激励员工接受挑战、了解自己的行为对他人的影响和专注于未来。

- 大多数的组织都拥有内部的紧张局势。例如，员工之间的竞争。有效的领导者能够将这种紧张局势转化成有生产价值的行动。
- 愿景是对所期待结果的一种描绘。领导者的工作之一就是清楚地勾画出能够与追随者深层的渴望达成共鸣的强有力的愿景。
- 在必要的时刻，领导者必须起到变革倡导者的作用。
- 许多管理者常常发现自己处在一种负有责任却没有正式权力的情况之下。在这些情况下，他们必须通过说服力、品质、态度和行为来起到领导作用。

经理人百宝箱

12 战略

12 战略
——入门

本章重点话题

- 如何运用战略来确立竞争优势
- 制定战略的"五步法"并使行动与战略密切配合
- 战略思想必须不断发展的原因

管理者必须指导员工去做正确的事情，而且要把事情做好。做正确的事情需要管理者制定战略。把事情做好是有效地运作企业。这两者是有机地结合在一起的，缺少了任何一个，组织都不会取得成功。

本章的中心是通过战略来阐述"做正确的事情"。如果你是一位处于初期阶段，或中期阶段的管理者，那么，制定战略可能还不是你工作的组成部分，但是，当你在组织中晋升到更高的级别后，这就是你的工作了。不要过早地开始考虑企业战略。但如果你是一家小企业的"所有者—管理者"，那么战略对你和对财富 500 强企业的首席执行官来说同等重要。

什么是战略?

波士顿顾问公司(Boston Consulting Group)的创始人布鲁斯·亨德森(Bruce Henderson)写道:“战略是对行动计划的一种深思熟虑的研究,战略有助于增强企业的竞争优势并使这种优势累加递增。”竞争优势,建立在差异化的基础之上。他继续写道:“你和你的竞争对手之间的差异是你的优势的基础。”[1]亨德森认为,如果两个竞争对手做的是同样的生意,那么,他们不可能同时存在。为了生存他们必须使他们自己变得特殊。“各自创造的差异性要足够使自己拥有独一无二的优势。”例如,两个人的服装商店在同一街区——一家经营正装,另外一家经营休闲服装,那么这两家服装店就能生存,并获得成功。然而,如果这两家商店在同一时期内销售的是同样的商品,那么,这两家商店中的一家就会消亡。而这两家商店中通过价格、产品样式或购物环境来使自己具有竞争优势的那家商店就可能生存下去。哈佛商学院教授迈克尔·波特(Michael Porter)有着同样的观点:“竞争战略的根本就是创造差异性。换句话说,即有目的地选择一整套不同的运营活动来创造一种独特的价值组合。”[2]参考这些例子:

- 西南航空公司(Southwest Airlines)通过模仿竞争对手并

没有成为北美洲最赚钱的航空公司。它通过低廉的票价、高密度航班、点对点的服务和“客户满意”服务这些不同的战略来创造自己的差异性，使得自己具有更强的竞争优势。

- 易贝公司(eBay)为人们创造了一种全新的销售和购买商品的方式：在线拍卖。公司创始人的目的是提供同样的分类广告、跳蚤市场和正规的拍卖服务，但是，要使这些服务变得简单、高效和无处不在。
- 丰田公司(Toyota)开发混合动力车“普瑞斯”(Prius)客车的战略是在重要的汽车买家环节上建立竞争优势：这些买家是希望汽车不会对环境造成危害的人、希望汽车操控简单的人，或者汽车在设计方面是最新的人。同时，公司还希望通过结合普瑞斯所学的知识能够使公司在拥有巨大潜力的未来科技中处于领先地位。

战略可以基于低成本的领导能力、独特的技术或专一性。同样可以通过战略定位来理解。迈克尔·波特认为战略定位有三个不同的原点，它们并非相互排斥，而是经常重叠：[3]

- **基于种类的定位。**即公司在行业内广泛提供的产品或服务中选择有限的产品或服务种类。公司只有做到比竞争对手更快、更好，或消费更低，这种战略才会成功。例如，星巴克(Starbucks)提供质量极好的咖啡产品，而且他们的店面都位于那些潜在的消费者群体非常方便到达的位置上。星巴克不提供早餐或出售三明治的服务。消费者可以在其他地方购买到那些产品。星巴克的中心是咖啡。

- **基于需求的定位。**按照波特所说,采用这种方法的公司的目标是满足某一特定消费者群体的大部分或所有需求。这些消费者可能对价格敏感,可能需要更多的个人关注和服务,或者希望产品或服务能够特别地适合他们的需要。例如,美国军队保险公司(USAA)是一家金融服务公司,这家公司专为现役军人、退役军官和他们的家庭提供服务。在为这个群体提供了数十年的服务之后,美国军队保险公司了解了这个群体特殊的储蓄、保险和退役需求,并知道如何去应付军官职位调动和频繁地在世界各地轮换的问题。
- **基于接触途径的定位。**一些战略能够以对客户的不同接触途径为基础。例如,打折商品连锁店可以将商店的位置选择在低收入地区。这么做可以减少来自郊区的大型购物商场的竞争,并为连锁店的目标市场——低收入购物者(他们中的大多数人没有汽车)——的购物提供了便捷的途径。相反,快客芭箩店(Cracker Barrel Old Country Stores)却将它的餐馆/礼品店沿着美国高速公路设置,在那里它们可以满足旅游者的需要。在快客芭箩店的网站上甚至包括了"旅行策划员"软件,通过这个软件可以确定"从出发地到目的地"的行车路线上所有快客芭箩店的位置。

为了获得竞争优势,你的战略是什么?是否你的战略使你的公司吸引了来自你的竞争对手那里的客户?是否吸引新的客户进入市场?是否为你的公司提供了切实的优势?

当然,只是创造差异性并不能使你傲视群雄。你的战略必须能够释放价值。客户定义价值的方式是不同的:更低的消费,更好的环境,更值得信赖,更快的交货,艺术上的感染力,更加便于使用。这个客户满意"价值"清单非常长。你的战略目标提供的是哪些价值?这些价值已经释放了吗?

制定战略的步骤

如果你没有太多的为你的企业制定战略的经验,不要感到懊恼。大多数管理者跟你一样。这不是一种日常活动。一些公司多年来一直采用同一战略,只是在这个战略变得明显过时的时候,才着手制定新的策略。尽管如此,许多公司都是依靠战略顾问来完成这项工作。哈佛商学院教授克莱·克里斯滕森曾经提出,在大多数公司,战略思想不是一种核心管理能力。"管理者通过一再地处理问题来磨炼他们的管理能力。然而,改变战略通常并不是管理者反复面对的任务。一旦公司制定了有效的战略,他们希望去利用战略,而不是改变战略。因此,大多数的管理团队并没有形成一种战略思想能力。"[4]

因此，如果你对制定战略还不是很熟练，这里为你提供了你可以仿效的制定战略的几个步骤。这些步骤中包括查明组织的外部和内部情况，因为，针对外部的是所服务的市场，同时，针对内部的是制定有效战略的能力。

第一步：通过查看外部情况来确定威胁和机会

在最高层次，战略所关心的是外部环境和为了创造一种可利用的优势，组织应该如何分配财政资源、人力和生产力。在外部环境中总是充满了威胁：新的竞争对手，人口的改变，可能将你排挤掉的供应商，可能破坏你的生意的替代产品和可以降低你的客户的购买力的整体经济趋势。以更低的价格提供同样产品——或者价格相同，但是产品更好的竞争对手可能对你的企业构成威胁。战略必须能够应付这些威胁。外部环境也隐藏着机会：全新的技术，未被服务的市场，等等。

制定战略第一步要做的事情就是查看外部情况来确定威胁和机会。你可以通过下面的工作来完成第一步：

- 组建一个由具有特殊洞察力的决策人、单位管理者和个人组成的团队。他们的工作是确认威胁和机会。要避免这个小组的任何一位成员对于现状自我满足，或顽固地坚持己见。
- 搜集客户、供应商和行业专家的观点。这些外部观点可能是非常有效的。

一些公司，尤其是技术领域里的那些公司，其团队应该由科学家和工程师组成，他们负责去寻找外部的市场、竞争对手和了解技术的发展。他们的工作就是寻找那些对他们当前的生意来说可能存在的威胁，或者指出他们的生意前进的新方向。

战略专家在查看了内部和外部的情况后，会提出这些问题：[5]

- 我们运营所必须面对的是什么样的经济环境？这种经济环境正在怎样变化？
- 作为一个组织，我们拥有哪些能力？这些能力如何能使我们获得一种与竞争者相关的优势？
- 哪些资源支持或限制了我们的行动？
- 哪些有利可图的行动机会摆在我们面前？而伴随着不同的机会和潜在的行动路线而来的风险有哪些？

第二步：查看内部的资源、能力和实践

资源和内部能力对战略的选择来说可能成为一种束缚，尤其对于拥有许多员工和固定资产的大公司。确实是这样。如果你的公司缺乏必要的金融资本和了解如何开拓市场的人，那么在电子产业内开发一个未被服务的市场的战略对你的公司来说可能不是切实可行的。同样，如果你设立了“多年表现奖”，那么，一项可能要求企业所有者在人员雇用方面采取实际措施的战略，可能从一开始看起来结果就不会太乐观。

这些内部能力——尤其是人力——是非常重要的，然而，这些却经常被战略专家忽略。战略只有在正确的人员和其他资源的支持下才能成功，而这些又必须与战略密切配合。

第三步：考虑应对威胁和机会的战略

克莱·克里斯滕森曾经主张，战略团队首先要把他们找到的威胁/机会（他将它们称为竞争的“驱动因素”）区分优先次序，然后，广泛且富有成效地讨论每一个威胁/机会。如果你采用这个建议，并制定应付它们的战略，确保一定要做到以下几点：

- 制定多个可选择的办法，不要只用一种方法做事。在有些情况下，两个不同战略的最佳部分结合在一起会形成一个更有效的第三种战略。
- 核查所有的事实和所有假设的问题。
- 有些信息一定会被遗漏。确定更好地评估特定战略所需要的信息。然后，去获得这些信息。
- 在你认为是首选的明智的战略中对最重要的战略选择作彻底检验。这么做会帮助你在战略团队内部避免“群体思想”。

第四步：在战略支持活动中建立正确的“整合”

迈克尔·波特指出：战略不仅仅是一个赢得客户的蓝图，真正的战略是合并一连串能够互相支持的活动及有效地阻止模仿者。[6]他利用西南航空公司的例子来说明他的"整合"概念。

西南航空公司的战略基于快速登机。快速登机为西南航空公司的高密度航班和更好地利用昂贵的飞机资产提供了可能。这个战略的中心是为客户提供低廉的消费和高度的便利。因此,就需要这两个活动互相支持,并支持更高的目标。波特指出,这个更高的目标还需要其他重要活动的支持,这些重要活动可能包括高效的登机口服务人员和地勤人员,不提供餐饮的政策和不提供联运行李托运服务。这些活动使得快速登机成为可能。波特写道:"西南航空公司的战略包括了一个完整的活动体系,而不是局部。西南航空公司的竞争优势来自于整合和彼此互补。"[7]

第五步:创建一致性

一旦你制定了满意的战略,那么,你的工作就完成了一半。剩下的一半是在员工和组织活动与组织的战略之间创建一致性。一致性是使不同级别的员工(1)理解战略,并且(2)理解他(她)在实现战略中的作用。一致性是一件非常有效的事情。顾问乔治·拉博维茨(George Labovitz)和维克托·罗桑斯基(Victor Rosansky)曾经写道:"想象在一个所有成员,无论高层管理者,还是新雇用的员工,都对企业、企业的目标和决心有着共同理解的组织里工作。想象在一个所有人都知道他(她)如何为公司的商业战略作贡献的部门里工作。"[8]这就是一致性。作为管理者,你在创建一致性中的任务由以下两个部分组成：

1. 沟通。你必须帮助你的员工理解战略和如何为实现战略作贡献。你所希望创建的一种情况是——即使是"排名最低"的员工都能够清楚地知道组织的目标，并能够解释他（她）每天所做的工作和完成工作的方法都是为了与这个目标一致。

2. 调整工作方法。你必须使员工的活动和企业的战略目标保持一致性。

提示：不要忘记战略和人力资本之间的一致性

几乎没有管理者能够拿出时间来检查他们的企业战略与他们的员工实践和政策之间的一致性。海格·纳班提恩（Haig Nalbantian）、里克·古索（Rick Guzzo）、戴夫·基佛（Dave Kieffer）和杰·德尔堤（Jay Doherty）在他们的著作《发挥你的长处：管理好你的内部劳动市场以保持竞争优势》（*Play to Your Strengths: Managing Your Internal Labor Markets for Lasting Competitive Advantage*）中阐述，即使是最好的战略，失去一致性也能够危及它的成功。[a]他们的调查记述了几家由于在晋升、留用和薪酬制度上的疏忽而导致其员工的行为与战略目标相悖的公司。在其中一个事例中，一家美国制造商通过频繁的短期工作分配来获得综合管理技能的政策破坏了它的更高目标——确保产品质量和快速向市场导入新型号产品。分析指出，接受短期任务分配的管理者的回报是晋升和更好的报酬，但是，他们并没有获得帮助公司制定更高水平战略所需的技术上的技能。

[a]参见 Haig R. Nalbantian, Richard A. Guzzo, Dave Kieffer, and Jay Doherty, *Play to Your Strengths: Managing Your Company's Internal Labor Markets for Lasting Competitive Advantage* (New York: McGraw-Hill Publishing Company, 2003), 17-21。

作好变革的准备

制定一个成功的战略,并很好地实施这个战略,可能使你在几年之内都不会遇到问题。但是,没有任何战略是永远有效的。外部环境的一些变化会使你的这个战略失去效果。你的客户满意产品被一家地理位置比你更好的大公司“复制”,并以更低的价格提供给客户。一个技术上的重大突破破坏了你的核心业务,而你还不具备抓住这个“新浪潮”所需的技术上的技能。不幸的是,许多管理团队,当他们的战略已经变得过时的时候,他们还不能意识到这点。自以为是,或者缺乏远见都可能使他们不能意识到外部环境正通过科技、改变客户需求,或更便宜的价格、更好的替代产品等方式在改变。

战略一时的成功应该使你小心地按照“第一步”中的描述继续查看外部环境,以确定威胁和新的机会。你的公司已经这么做了吗? 如果还没有,谁是承担这个任务的最佳人选呢?

战略制定是对优秀管理者的一种工作要求。引用迈克尔·波特的话,战略制定是“从已确定的优势位置中察觉吸引客户的新的优势位置,或吸引新客户进入市场的一个过程”。[9] 这一过程你必须永久地嵌入你的组织。

小　　结

- 有效运营的关键是把事情做正确；战略的关键是做正确的事情。不要将二者混淆。
- 制定战略是寻找一个使企业差异化并使企业具有竞争优势的计划。
- 按照迈克尔·波特所述，战略定位可以基于种类、基于需求或基于接触途径。
- 战略制定的五个步骤是：(1)通过查看外部情况来确定威胁和机会；(2)查看内部的资源、能力和实践；(3)考虑应对威胁和机会的战略；(4)在战略支持活动中建立正确的"整合"；(5)在员工和组织活动与组织的战略之间创建一致性。
- 成功的战略通常是短暂的，因此，继续细查新的机会和可能破坏你当前战略的变化。

第三部分 精通财务工具

经理人百宝箱

13 预算

13 预算
——展望未来

本章重点话题

- 预算的基本职能
- 预算的类型及其目的
- 建立经营预算
- 建立现金预算
- 对预算进行敏感性分析

"天哪,又该做预算了",这是在管理者中间常常听到的抱怨。预算不仅会引发压力和冲突,也会消磨掉许多时间。但是,好的预算是值得花费时间和精力的。

如果你是一个现金资源有限的小公司的老板或管理者,那么,一个好的预算能够指出商业上的成功和偿付能力之间的差异——或者是业务拓展的潜力。预算过程会迫使你去估算你将生产和出售多少产品或服务,每项的成本,可接受的进度,基本费用和税。这些数据提供几个月或一年时间内的预测。一个好的预算有助于你评估是否有坚持到底的足够的财力。对于大型企业，预测和预算提供相似的利益。对于个人企业或是大型企业来说，预算可以成为一个有力的控制机制。预算也是指引组织实现战略目标的一个行动计划。

在本章中，你会学到许多适合不同目的的预算方法。你也会学到选择哪种类型的预算才能最有效地帮助你实现你的商业目标。[1]

什么是预算？

在你开始旅行之前，你会在包中装上所需要的衣服、食物和钱。预算在概念上与之类似——计划你的行程，并确保有足够的资源到达你的目的地。一个组织以类似的方式计划它实现战略目标的行程，用一个称做预算的行动来为其行程作准备。预算能够完成多种任务：

- **短期扩展所需的足够资金。**例如，一个刚成立的公司需要编制预算来确保其在未来 12 个月的时间内有足够的现金来负担营业费用。
- **长期远景规划。**例如，一家制药公司在研发一个新产品时需要编制一个多年的预算。
- **聚焦一个特定项目所需要的资源。**例如，一家制造公司需要安装机械设备来提高生产效率，那么它的预算就要预见安装成本。

- **说明收入和支出。**例如，一个零售商按照预期增长的销售额设定一个利润计划。

那么，什么是预算？预算是将战略计划转化成可测量的量，它表述了在一定时期内预见的所需资源和预期的回报。预算的职能好比一个行动计划。它也可以用来陈述公司未来的财务报表。最后，预算还是一个可采纳的用于实现战略目标的管理工具。

预算的职能

预算有四个基本职能，每一个职能对于公司成功实现其战略目标都至关重要。这些职能是计划、协调和沟通、监测进展和绩效评估。

计划

计划是确保组织有足够的资源去实现其目标的一个“三步”过程：

1. 选择目标。目标尽可能涵盖组织的战略任务。例如，作为一家互联网服务提供商(ISP)的管理者，你的目标就应该是“成为我们有价值的客户的最有效率的互联网服务提供商”。

或者，作为大联盟中一个棒球队的总经理，你的目标就应该是特定的且非常集中的：在下一个赛季的收入要提高10个百分点。

2. 评论选择和预测结果。一旦确定目标，下一步就是获取实现这一目标的方法，预测每个选择最有可能出现的结果。例如，如果你是一家以成为最有效率的互联网服务提供商为目的的公司的管理者，你就必须实时拥有最新式的设备，培训业内技术最好的维修队伍，或者集中提供最及时的客户服务。或者，作为一个以增长10%收入为目的的棒球队的总经理，你就应该考虑提高票价或者拓展你的营销计划。因此，预测结果和每项选择的利益就成为计划的一部分。

3. 作出选择决定。在对潜在成本和每项方法的利益进行分析之后，下一步就是决定如何实现想要达到的目标。选择执行方法就相当于确定公司的发展方向。预算反映了这些决定。例如，作为互联网服务提供商的管理者，你会认为，虽然其他两个方案比较重要，但是你的焦点是用最新的设备为你的客户提供最有效率的服务。或者，你是一个棒球队的总经理，你会认为提高价格是赚取特定收入增长的最有效的方法。

协调和沟通

协调是将各个部分——个别单位预算或者部门预算——汇总的行为，对其进行平衡和组合，以形成能够表述公司整个财政目的和战略目标的总预算。在许多公司里，这一点做得非常漂亮！

一个总预算应该将来自研发、设计、生产、销售、分配和客户服务的各个部分的预算纳入其中。然后协调个别部门、生产线和辅助部门的预算，整合成一个大型的、相互关联的结果。就好像一个作曲家要把在不同乐器上演奏的曲调组合在一起才能成为一首曲子一样，总预算能将所有的部分组合在一起，形成公司的整体战略计划和任务。稍后将在本章中介绍有关总预算的详细信息。

为了达到这一目的，沟通是至关重要的。高层管理者必须就公司的战略目标与组织中各个层面的管理层进行沟通，个别计划者需要就他们特别的需求、假设条件、期望和目标与评估部门和职能预算部门进行沟通。

此外，公司内不同的小组必须彼此互相沟通。如果一个部门努力实现一定的销售目标，那么产品部门就必须得知准备提高产能的信息。如果公司引入一种新产品，那么销售部门就必须在计划过程中提前告知。该部门的预算就得包括新产品的市场推广成本。

监测进展

一旦计划开始付诸行动，预算就成为经理们用于定期监测进展的一个工具。他们通过将实际结果与预算作比较来评价进展情况。这是反馈或监测和评估的过程，以便及时纠正行为。一方面，如果中间的评估显示公司朝着目标正确行进，那么就没有必要调整行动计划。但是，如果你发现实际结果与期望不同，那么你就必须修正行动。例如，如果你的棒球队的目标是通过提高价格来达到增加 10%收入的目的，那么你就需通过向球迷提供红利来抵消价格上涨的负面影响。

实际结果与预算期望结果之间的分歧叫做偏差。当实际结果好于预期时，偏差就是有利的，如果比预期差，那么就是不利的。例如，在棒球新赛季第一个月过后，你会计算卖票所得（表 13—1）。

总的来看，单位票价所得低于预期，但是你发现票价高的包厢票出现有利的偏差（购票者不在乎这些位置票价的提高）。你最大的担忧升级，因为正面看台的偏差是不利的。这时你就需要修正行动计划，因为这些球迷似乎在采取不理睬的方式来回应提高的票价。因此，偏差分析有助你在预算初期发现问题，并及时作出适当的修正。

注意，我们在此所关注的是单位票价，而不是收入。管理者也可以使用收入来指导预算过程。

表 13—1　四月票务销售业绩报告

	平均每场比赛售票收入		
	实际收入	预算收入	偏差
包厢	2,500	2,000	+500；有利
正面看台	6,850	7,000	-150；不利
外场看台	7,700	9,000	-1,300；不利
露天看台	11,850	12,000	-150；不利
总计	28,900	30,000	-1,100；不利

资料来源：HMM 预算。

绩效评估

有效的绩效评估归结于战略目标的实现，预算为衡量管理层绩效提供了关键的工具。毕竟，制定基本计划并实行决议的管理者应该对结果承担责任。通过对一段时期内实际结果与预算的比较，一个评估者能够决定管理者在实现他(她)的战略目标方面是否成功。绩效评估有很多目的：

- 根据绩效制定的薪酬体系能够激发员工。
- 为报酬确定、未来任务分配和职业发展提供基础。
- 为未来资源分配提供基础。

预 算 的 类 型

传统的预算概念正日益受到那些认为在现代企业里不再需要预算的人的攻击。反对者抱怨预算在时间上是不正确的(太长或太短),衡量标准不适当,太过简单(或复杂),在变化的商业环境中显得过于呆板,或太过缺乏挑战性(如,故意设置"保护手段",那样的话管理者就可能达到目的,获得奖金)。本章中我们提供的许多预算是成熟的,能够应付这些难点。

短期预算与长期预算

预算通常都会涵盖一年的时间。但是根据预算目的的不同,这个时间也会有所不同,尤其是在你的公司处于价值创造阶段的时候。如果组织关注一个使用年限预计在五年的产品的赢利状况,那么制定一个五年预算是最佳的选择。而如果一个公司仅能勉强维持生计,通常是指刚刚成立的公司,那么每月作一个即时的专注于现金流量的预算则更加有用。

固定预算与滚动预算

固定预算涵盖一个特定的时间框架,通常为一个财政年度。

年末时就要作出新的下一财年的预算。一个固定预算可在特定时期内进行评估——也许是一个季度，如果有需要就可进行调整和修正，但是基础预算在整个时期内保持不变。

为了更好解决实时问题和固定预算的呆板，一些公司，尤其是那些变化较快行业中的公司，就会选用滚动预算。滚动预算指随着时间的推移和预算的执行，及时补充修订未来的预算，使预算期始终保持一个固定的期间。例如，每过完一个月，为期一年的滚动预算就会延长一个月，这样一来，总会保持一个一年的预算。滚动预算的优势在于管理者可以借此重新审视过程，对每个月或每段时期作出调整。这样的结果通常更加精确，最新的预算反映出当前的最新信息。

滚动预算的缺点是计划过程会非常耗时。此外，如果公司对其预算进行定期评述（例如，一年四次），分析有重大意义的偏差，必要时进行修正，那么固定预算看起来似乎就不那么呆板。

渐进预算与零基预算

渐进预算是从历史数据中进行推算。管理者在制定下一阶段的预算时会查阅前期的预算、实际结果和未来期望值。例如，销售部门的预算就要参考前阶段的实际成本，但是还要考虑已计划的薪资增长。渐进预算的优点是在进行预算时会将历史经验、经历和未来期望纳入其中。

使用传统预算的反对者认为其缺点是，这样一来，管理者只会简单地以过去的数据为基础，按照设定的比例增加即可得出下一阶段的预算，而不会花时间去评估当前和未来市场的实际情况。同样也会使管理者产生一种“不用则弃”的观点，使他们觉得必须在期限结束前用完所有的预算开支，那么下阶段的预算就不会因为这部分节省的开支而减少。

零基预算的方法是将每个新预算周期从零开始，这种情况下的预算就会从头开始准备。每个预算周期都始于严格的假设和预计开支。零基预算的缺点是它要求管理者对每一栏项目都要进行更深层次的分析，要考虑到目的，找寻可替代之物，并判定它们的要求。零基预算的缺点是虽然其更加具有分析性，更加全面，但是制定这样一个预算会花费大量的时间，反而有可能影响到预算的准确性。计划必须先期进行，但是不要压制行动。

持续改善预算

Kaizen 是一个日语词汇，意思是连续不断地改进，持续改善预算力争在预算过程中连续不断地进行改进。以渐进的原理将成本减少嵌入到预算当中，这样，预算中的成本就能连续不断地减少。如果预算的成本减少未能实现，那么就要额外关注相应的地方。例如，一家制造工厂预算不断减少部件的成本，如下所示，它把压力转向供应商，以求进一步减少成本。

1—2 月　　　　　　100 美元

2—3 月　　　　　　99.5 美元

3—4 月　　　　　　99.0 美元

因为预算成本减少一直都在发生，所以这种类型的渐进预算很难保持，在完成“简单”改变之后更难以获得应有的改进。

总 预 算

总预算是预算过程的核心和灵魂。它将各个预算聚在一起，将公司的营业预算和财政预算合并成一个完整的预算。换句话说，总预算概括了在一定时期内公司的每一个财政计划。

对一个以赢利为目的的公司，营业预算包括各个职能部门的预算，如研发、设计、生产、销售、分配和客户服务，以及提供预算收入报表。财政预算包括资本预算，现金预算，预算平衡表和预算现金流量。在总预算的各个部分有信息流入和流出时，就必须重复整个营业预算和财政预算(见图 13—1)。

总预算在更高的层面上传递了战略计划。将公司的战略目标当作基础，预算编制过程按照年代顺序反复进行，检验假设条件和方法。

图 13—1

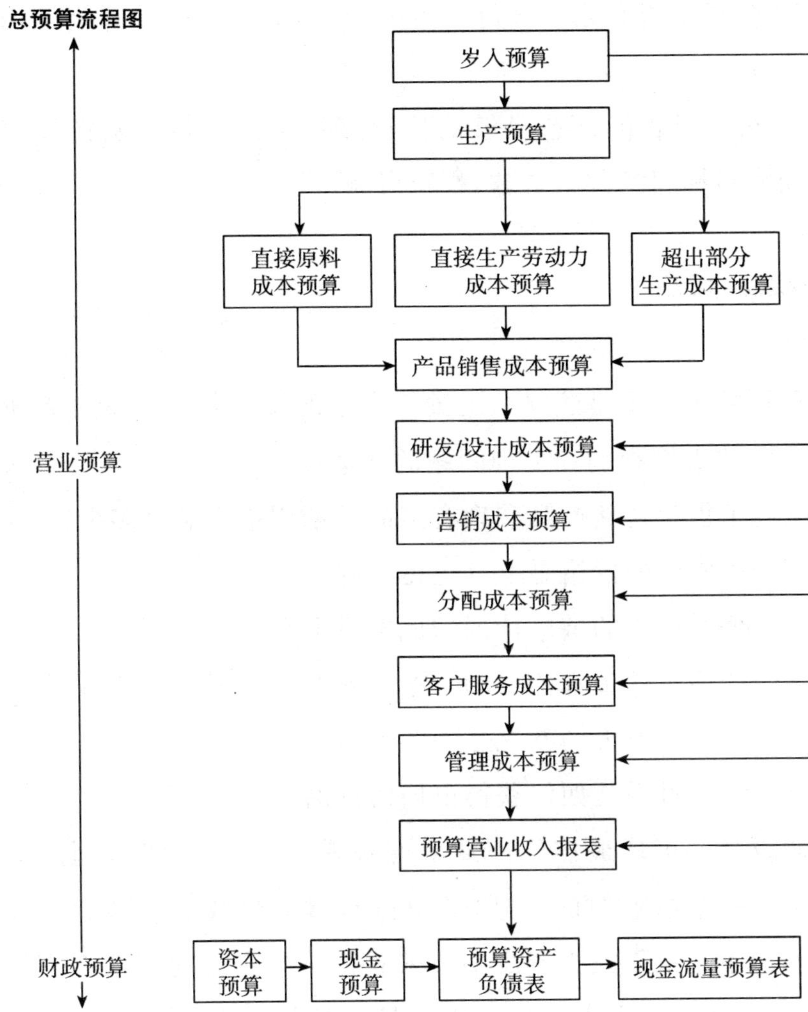

资料来源：HMM 预算。摘自 Charles T. Horngren，George Foster 和 Srikant M. Datar，*Cost Accounting*（New York：Prentice Hall，2000）。

在准备总预算之前，高级管理者须考虑下面三个重要问题：

1. 战术计划是否能支持公司更大更长期的战略目标？

2. 公司是否有或能获得所需的资源，如在当前预算周期内所需要的现金？

3. 公司是否能创造足够的价值吸引未来充足的资源以实现更长期的目标，如利润，贷款，投资者等等？

设定假设条件

预算的第一步是建立一组关于未来的假设条件。管理者所作的假设必然直接影响到下列问题的答案：

- 销售一套新产品和现有产品的期望销售额是多少？
- 供应商的价格是上升还是下降？
- 公司来年的健康计划的成本是多少？
- 如果预计失业率下降，公司有无必要通过加薪来确保活跃劳动力市场有充足的劳动力？
- 竞争对手是如何获得市场份额的？

假设条件可从最佳的信息渠道获得。例如，高级管理层对战略目标有一个清晰的认识，财务组持有过去财政业绩和未来经济趋势的记录。依靠人力资源小组来获得不断变化的劳动力市场的信息，依靠销售代表来获得最佳的有关销售前景的信息。同样，采购部门拥有有关供应商和价格走势的最新信息。设定假设条件在整个公司的沟通和协调中起到了关键作用。

设定假设的诀窍

- 将历史数据当作起始点。即使时间转变很快，有关过去业绩的信息可以作为开始的奠基石。
- 相信你自己的经历。对于未来可能发生的事情有必要运用学过的假设。
- 听任你的直觉。即使你不能确认内心的感觉，也可将其纳入考虑范围。
- 尽职尽责。找到你想要的信息。可以通过调查研究，阅读商业杂志，收集行业统计数据等等。别忘了互联网正在成为一个巨大的信息资源。
- 与有见识的人交谈并倾听。与团队成员、同事和老师讨论你的观点。找出行业参与者、供应商、相关社团领导和业内专家。与竞争对手进行讨论。
- 作为一个风险承担者和保守者去学习。在波动不定的市场中，保守的假设也许是最安全的。
- 检验你的假设。如果可能，在接受假设之前，你可以就你的假设做一个小试验。

准备业务预算

业务预算仅仅只是高级管理层和其他管理团队成员之间的一个达成一致的协定。这只是一个目标而非预测。它详细说明了下一周期的收入和成本。这些都以类似于每个公司都使用的损益表（或盈亏账目表）的报告书的形式来表示。本质的不同在于我们根据期望值与实际数量来构建这个报告书。业务预算由以下部分组

成:

收入－(商品销售成本 ＋ 销售成本,总成本,管理成本) ＝ 营业所得

我们将营业预算分成五个简单步骤。

第一步:计算你的期望收入。作为准备一项营业预算的第一步,经理们必须运用一些假设来预测收入是增加还是减少。我们假设"联合帽架公司"以赢利为目的,驼鹿头部门的管理者根据过去的业绩和在该财政年度内预期的产品销售来作出有关收入增长的假设(表 13—2)。

如果你选用渐进预算的方法,管理者就会使用去年 1,228,100 美元的实际销售额作为基础制定明年的计划。另一方面,如果他们选用零基预算方法,那么就会从底层开始,运用预测的经济数据,预期消费者行为和其他信息对每个模型作销售计划。在这种情况下,近期经历的消费者行为,经济数据和其他信息都要纳入考虑范围之内。

建立计划收入数据会产生内部压力。如果,根据管理者实现的预算收入目标来进行评估和奖励,那么他们就会编制一个非常容易实现的保守的收入目标。这样不负责的预算,敷衍了事的行为会给管理者提供"保护手段",使管理者的实际收入可能高于预算收入。这样的结果使管理者看起来似乎非常干练。

生产限制(对于服务性公司来说合格人员的可获取性,和生产商的产能)可能会对岁入预算产生影响。例如,如果销售需求超出公司的生产和分配能力,那么,岁入预算就要调整到与生产限制匹

表 13—2 联合帽架公司驼鹿头部门 1 年期预算 (单位:美元)

	去年实际值	1 年期预算	变动率
模型销售			
豪华驼鹿角	201,000	205,000	2.0%
标准驼鹿角	358,000	381,000	6.4%
标准柱式	515,000	556,000	7.9%
电镀—旋转	72,400	60,250	16.8%
大堂/墙壁模型	81,200	80,000	1.5%
总销售额	1,228,100	1,282,250	4.4%
产品销售成本			
直接劳动力	92,325	96,500	4.5%
间接制造成本	6,755	7,200	7.0%
直接原料	211,000	220,284	4.4%
产品销售总成本	310,080	323,984	4.5%
市场和管理成本			
销售人员薪水	320,000	331,200	3.5%
广告费用	145,000	151,000	4.1%
多种销售费用	4,200	3,900	7.1%
管理费用	92,200	94,500	2.7%
总计费用	561,200	580,600	3.46%
营业收入	355,820	377,666	6.14%

资料来源:HMM 预算。

配,而不是匹配于市场的实际需求。另外,预算还必须增加为满足需求所需要的产能建设基金。

第二步:计算产品销售的预期成本。一旦岁入预算成立,管理者就会进行产品销售成本的预算。产品的总产量构成决定了包括劳动力成本和原料成本在内的直接成本的基础。以同样的方式，驼鹿头部门计算出直接生产成本或间接产品销售成本预算。从表13—2 中可以看出，销量预算增加 4.4%，达到了 1,282,250 美元。

第三步：计算其他预期成本。其他非生产成本包括在研发、设计、销售、分配、客户服务和管理方面产生的成本。对于驼鹿头部门来说，仅有与销售和管理有关的不同开支构成它的其他成本预算。

第四步：计算预期营业收入。最后，你要计算预算收入表。预计销售量和预计成本之间的差额构成了预期的营业收入。驼鹿头部门的管理者将他们的预期收入表交给联合帽架公司的高级管理层，高级管理层就会决定驼鹿头部门的预算是否与公司的总预算和战略目标相符。

第五步：制定可替代的计划。试验不同的计划是重复预算中"如果……则……"的过程。一个方面的改变如何影响预期结果？如果我们增加广告投入，结果会怎么样？销量会增加多少？如果驼鹿头部门的员工举行罢工，结果会怎么样？我们怎样将这种风险并入到预算当中？

例如，联合帽架公司的管理层决定将其战略重心从增加赢利转向发展驼鹿头部门的新的产品生产线。驼鹿头部门的管理者就要重新制定一套预算方案，表明研发成本会减少当前的预算营业收入。相应地，驼鹿头部门的管理者也会决定接受新供应商的报价，这有可能会减少原料费用，从而增加预算营业收入。

制定财政预算

一旦营业部门的管理者制定出业务预算或者预期收入表，财务部经理就会计划所需要的资金来支持这些营业预算。例如，如果你想使销售量增加10%，你就不要指望不增加额外所需的劳动力和其他投入就能实现这一目标。你需要制定其他三种预算：

1. 现金预算，包括营业现金流量和其他现金来源（应付账款、借款或资产）。现金预算对现金流入和流出的水平和时间进行预测和计划。

2. 营业资产投资计划，确保有充足的资产资本，如存货和应收账款。

3. 资金投资计划，长期生产性资产的投资预算，如不动产、工厂、设备支出和长期的研发项目。

这些财政计划支持公司的战略目标，对近期（现金预算）和长期（资金投资计划）的财政需求进行规划。它们表述为预期的资产负债表和现金流量表，二者构成公司在预算期内的期望财政目标。

现金预算对财务经理来说尤其重要，因为其表明在每段时期内（通常按月）现金的短缺或是剩余。没有任何一个公司愿意发生现金短缺的情况，例如，公司在账单到期时不能支付账单。表13—3列出的就是一个公司在五个月（1—5月）内的简单的现金预算。注意，它列出了每个月的现金流入量和流出量。当月月末的

表 13—3 简化的现金预算(单位:千美元)

	12 月	1 月	2 月	3 月	4 月	5 月
现金流入量						
销售收入		1,100	875	600	500	600
其他收入		250	225	200	200	0
利息收入			34	34	34	
总流入量		1,350	1,134	834	734	600
现金流出量						
采购		400	380	320	300	350
薪水		200	200	200	200	200
小时工资		170	165	150	195	220
健康保险		20	20	20	20	20
退休金		25	23	25	23	25
利息支付		15	15	15	15	15
税		305	295	270	260	240
公用		20	18	15	20	25
现金总流出量		1,155	1,116	1,015	1,033	1,095
现金盈余或赤字		195	18	-181	-299	-495
初始节余		220	415	433	252	-47
末期节余	220	415	433	252	-47	-542

结存现金节余成为下月的初始盈余。因此,12 月的 22 万美元的结存就成为始于 1 月份的现金节余。通过在每个现金节余的初始加入上期节余(或赤字),就构成了当月的结存平衡预算。当企业遇到现金短缺时可以参考底线,这里,4 月就发生这样的情况,5 月的情况更为严重。如果公司受到季节性的影响非常明显,如农产品生产者,服装制造商,滑雪用具生产商等等,就会在结存现金表中出现例行的涨跌。

在有节余的月份，财务经理就会将现金存于带息货币市场，如以短期银行定期存单、商业票据、美国国库券等形式。如果无节余出现，经理们就会把上述票据贴现成现金，转成短期银行信用贷款来消除任何一项现金赤字。如表 13—3 中，经理们要在 3 月提取过往盈余。盈余在 4 月份就被销空，迫使经理向外寻找现金来源。季节性和周期性的商业行为使用周期性的现金流入来支付他们的信用额，在下一个现金消费周期内建立货币市场头寸。

以下步骤可供你制定自己的现金预算：

1. 增加收入。确定预期的收入——从消费者和其他来源获得——将流入每个时期的现金账户。预算期内的现金收入各有不同。例如，许多零售商在节假日季节里的收入最多。

2. 减少开支。根据预计的行为活动来计算在该时期内需要多少现金开支——现金支出。开支包括原料采购支出、薪资、税等等。有些开支可以在预算期内进行平摊，但是有些，如薪资和原料成本就不可以，它们会影响到生产进程。

3. 计算现金盈余和赤字。计算某一时期现金盈余或赤字是将初始未结现金与当期收入之和减去当期开支。

4. 累加初始现金盈余。初始现金盈余是反映上期末的结存盈余。将其相加，你将得到一个新的结余。

5. 确定财政需求。结存盈余可能为正也可能为负。为正的盈余表明你有充足的现金去应付期内的营业运转。为负的盈余表明公司必须考虑从其他渠道融资以填补赤字，如银行贷款。贷款偿还必须在随后的预算期内的现金流出量中反映出来。

预算中的人为因素

在某种程度上，预算准备是与冗繁的数字打交道的工作，运用很多很多财务模型软件、计算机和技术。在这些数字背后是很多像你这样的人付出的努力——提出假设，思考未来形势，了解消费者和竞争对手的情况。理想的情况是，参与预算的每个人都有着相同的想法——实现公司的战略目标。

坦率地说，实际的操作过程会出现很复杂的情况，关于未来趋势和事件会有很多分歧，如相互冲突的需求，个人利益超过了更重要的公司利益。出于这些原因，预算可以看作是一个不同利益之间协调的过程。高级管理层希望获得最大的经济利益。中级管理层的需求则正好相反，如新设备或新职员。人为因素使得预算过程备受关注，但同时也消耗了不少时间。

自上而下的预算与参与式预算

自上而下的预算是指高级管理层设定预算目标——收入、利润等等，然后把这些目标派给组织的其他部门。例如，联合帽架公司的首席执行官将在下一财政年度实现营业利润或利税前收益 40

万美元的目标计划分派给驼鹿头部门管理者克劳德·塞维戴斯(Claude Cervidés)。那么,克劳德就会把40万美元的营业预算作为营业利润目标。

自上而下的预算有很多优势。高级管理层对公司战略目标有了更为清晰的认识,自上而下的预算确保了高级管理层的以下利益:

- 预算目标反映了管理层更大的战略规划
- 更好地协调预算需求以满足组织的各个层面
- 避免敷衍了事的管理者的单位预算
- 设立了挑战管理者极限的高目标

自上而下的预算也有两个弊端。首先,高级管理层可能不会接触到各个部门的生产流程或市场。其结果是设定的目标不合适或者无法实现。其次,中级管理层感觉自己被排除在决策过程之外,就会有意识或无意识地不尽力实现预算目标。

对于参与式预算,在设定目标时每个人都要对实现预算目标承担责任。例如,塞维戴斯会与采购部、人力资源部、产品部、销售部和行政部的领导们一起制定自己部门的预算。一旦塞维戴斯的团队完成预算,他就会把结果呈交给联合帽架公司的高级管理层。在得到塞维戴斯的评述与可能的反馈之后,他们就会协调联合帽架公司的预算与其他预算,作出总预算。

参与式预算的一个优势是人人都能加入到这个活动中来,假设人人都能获悉最好的信息来编制预算。同样,这种类型预算的参与者为实现预算目标会付出更大的努力。参与式预算的弊端也是两方面的。首先，过于接近预算过程的人不会看到更大的战略远景。其次，如果业绩评估与预算实现情况挂钩，管理者就可能会通过低估收入或高估成本来为预算垫底。

反复进行预算是为了使自上而下的预算与参与式预算达到最后的融合。在初始阶段，高级管理层会让部门主管对公司的战略目标有一个清楚的认识。之后，部门主管就会与其团队一起制定将本部门战术目标和公司更大的战略目标相结合的营业预算。当部门主管将他们的预算建议交给高级管理层之后，后者将对各个部门的预算进行评估，并要求作出相应的调整。协调过程往往要来来回回好几轮，直到完成总预算。在此过程和其他预算过程中最关键的一点是沟通。高级管理层会继续协调战略目标。部门主管在向管理层陈述预算建议时也会就其所需资源和担忧进行沟通交流。所有预算过程的参与者都有义务倾听不同的，有时甚至是冲突的观点。

与你的团队协调预算的诀窍

有效的预算需要一定的组织技能。以下是一些处理出现在预算过程中的不同观点的诀窍：

- 理解你的组织的预算过程。主要引导方向是什么？预算过程的时间？组织怎么运用预算？
- 经常与你部门的管理层或财务人员交流。向他们咨询你不理解的问题。听取他们对你的团队作出的假设的建议。
- 了解对你的预算有决定权的人员真正关心的问题。一定要解决这些问题。

- 得到决策者的认同。花时间培训你业务范围内的金融人员或决策者。这会为之后的改变奠定基础。
- 理解你正在作的预算中的每一个环节。如果你不知道一些东西的意思或是数据来源，你要自己去找到答案。别坐立不安。与相关人员交流。
- 在整个预算过程中与你的团队进行讨论。你计划得越多，你就越能应对计划外的观点。
- 避免不愉快的意外。当所有的数据变得可用的时候，将实际数据与预算数据作比较。如果出现重大或意外的偏差，找出原因。确定相关财务人员知道这一点。

预算松弛

预算松弛通常发生在管理者认为他们的绩效评估会关系到预算的时候。为了确保实现他们的预算数字获得奖金，他们就会保守估计预算收入或是夸大预期成本，或者两者同时进行。这两种行为使得预算“游戏”非常容易完成。预算松弛也为管理者提供了一个抵制意外问题的保障，降低他们不能实现“预算数字”的风险。这是所有管理者都会的一个“古老的游戏”。当然，最大的失败者是企业的所有者。

假设分析方案和敏感性分析

只有良好的基础才能使预算尽可能达到未来的假设。但是，假设通常会出错。我们假定客户 A 明年从我们公司购买 10,000

件商品，这样我们就有了支持预算的销售协议。但是如果客户A破产，那么这份协议也就没有了任何价值。我们假设能源消费会根据现在的通货膨胀率出现一些增长。但是，你能猜到出现的具体状况么？寒冷的冬天和大量的能源需求会将价格推至极点。

敏感性分析是解决假设和可选择方案之间矛盾的方法。作为一种预算工具，敏感性分析能大幅提升预算作为一种计划、反馈和过程修正工具的价值。敏感性分析将假设分析状况运用到预算模型中，检验原始数据潜在变化产生的影响。例如，如果原材料成本上升5%，结果会是什么？又或者，如果销售量增加10%，结果又会是什么？用于财务计划的软件包现在也常用来进行预算计算，使管理者获得一个强有力的在不同选择和可能性下估计成本和收益的工具。

例如，如果驼鹿头部门想要测试其假设会出现什么情况时，软件包就会确定一些可能出现的方案的效果（表13—4）。有了这些分析的结果，克劳德·塞维戴斯就可以决定通过降低直接原料成本来达到最好的底线结果。

表13—4 联合帽架公司驼鹿头部门的几项敏感性分析（单位：美元）

假设分析场景	销售量（个）	直接原料成本	营业收入
预算模型	21,400	214,000	383,950
情景1：销量增加10%	23,540	235,000	422,730
情景2：销量减少5%	20,330	203,300	360,900
情景3：原料成本减少5%	21,400	203,300	398,700

资料来源：HMM预算。

有效预算的诀窍

如果你想把预算当作一个计划和团队建设的工具，你就需要制定一个“游戏计划”。即使你最近完成了今年的预算，那么，现在考虑明年的预算也不算早。这里给出了一些应该谨记的观点：

- 如果你是一个新上任的管理者，你要熟悉你公司的预算过程。
- 花时间去学习和了解公司的过去，同时，使你的团队也了解。
- 在高级管理层设定目标时确定所需要的资金。
- 确定你单位的每件产品的成本，一定要详细说明。
- 要求自愿者研究每一个项目。这会令你的工作变得更加容易，给你的下属学习预算过程的机会。
- 如果你要削减成本，你要确认出为客户增加价值的活动，和那些没有增加价值的活动。分析每项成本，开始削减没有增加价值的活动。
- 说明你的预算要求将会为公司带来收益。换句话说，你的预算不应该只有资金需求，还应该是如何帮助公司实现其目标的建议。

小　　结

- 四种基本预算职能是计划，协调和沟通，监测进展和绩效评估。
- 预算有助于一个组织按轨道向前发展。他们值得花时间和精力去作预算。

- 总预算将营业预算,现金预算和不同的财务计划综合成一个全面的预算。
- 假设分析方案和敏感性分析能够帮助预算决策者预测预算中任何一个重要的假设发生改变时所产生的影响。

经理人百宝箱

14 看懂财务报表

14 看懂财务报表

——制定更具权威的决定

本章重点话题

- 资产负债表
- 损益表
- 现金流量表
- 财务杠杆
- 公司的财务结构
- 财务报表解释

你的公司拥有什么,又欠了其他公司什么?收入的来源是什么,公司是如何花这些钱的?利润是多少?你公司的财务健康情况?本章通过阐述三种主要的财务报表来帮助你回答上述问题:资产负债表,损益表和现金流量表。本章还有助于你理解暗含在这些报表中的管理论点,并通过讨论两种重要的概念来增加你的财务知识:财务杠杆和公司的财务结构。

如果你是一位基层负责人，你也许会认为“我没必要去了解那些东西。那是高级管理层的事，与我无关”。如果你有这种想法，那么你就该好好想想了。随着责任和决策权下放到较低的级别，阅读和理解财务报表的必要性就越发彰显。财务报表中的内容对各个级别的管理者来说都很重要。当谈到“流动负债”，“利润率”，“财务杠杆”和“营运资金”时，你必须准确知道每个词的意思。的确，财务报表中用到了很多现代商业中的会计术语。熟练掌握财务报表中的词和意思能够使你成为组织更高级别上的有用的员工。对小型公司的“所有者—管理者”来说，看懂财务报表有绝对的必要。

为什么要使用财务报表？

财务报表是商业文件中最基本的一个。管理者用它来评估绩效，确认需要介入的区域。股东根据它来了解其资金的管理情况。此外，投资者可用它来找寻机会。借贷者和供应商通过检查财务报表来确定与其进行业务合作的公司的信誉情况。

证监会要求公众公司出示财务报表，令每个人都能知道具体情况。非公众公司则不必出示，但是它们的所有者和银行也会需要其出示财务报表。

每个公司的财务报表——资产负债表，损益表，现金流量表都有着大体一致的格式。虽然公司营业性质的不同使得有些特定项目不同,但是财务报表的相似性足以供你用来比较其他公司的经营业绩。

资产负债表

绝大多数人每年会去医生那检查身体——看看身体在一段时间内的状况。类似地,公司的资产负债表是一种概括其在某一时间段内财务状况的方法,通常是在月末,季末或财年末。

实际上,资产负债表描述了经营范围内的资产情况以及这些资产的财务状况——信贷者的资金(负债),所有者的资产,或者两方面都有。资产负债表反应了下列基本的会计等式:

资产 = 负债 + 所有者权益

等式中的资产是指公司的投资,有了资产,业务才能运转。包括现金,财务工具,原材料和成品存货,土地,建筑物和设备。资产还包括客户和其他公司应付的欠款,表现为资产类的应收账款。

看看等式的另一边,从负债开始。为了获得必需的资产,公司向不同商品和服务供应商借钱或承诺给付。属于债权人的钱就称之为负债。例如,一家计算机公司需要从一家电子部件供应商那里购进价值 100 万美元的主板,并在 30 天内付款。这种情形下,计算机公司就要增加 100 万美元的存货资产，它的负债就表现为应付账款，两个是等量的。这样等式才能平衡。同样的，如果同一家公司向银行贷款 10 万美元，现金流入就会增加 10 万美元的资产，它的负债也同样是这个数目。

所有者权益，也叫做股东权益，等于总资产减去总负债后的数值。因此，如果一个公司有 300 万美元的总资产，负债为 200 万美元，那么所有者权益就是 100 万美元。

资产 － 负债 ＝ 所有者权益

3,000,000 － 2,000,000 ＝ 1,000,000

如果公司未投保的 50 万美元的资产在火灾中损失，那么，它的负债不会改变，但是所有者权益会在扣除资产补偿部分后减少到 50 万美元：

资产 － 负债 ＝ 所有者权益

2,500,000 － 2,000,000 ＝ 500,000

因此，资产负债表“平衡”了一个公司的资产和负债。注意，在我们举例的联合帽架公司的资产负债表中，总资产是如何等于总负债加所有者权益的（表 14—1）。资产负债表还描述了公司在资产方面的投资有多少，以及资金流向。更进一步看，资产负债表说明了投入到资产方面的货币投资中有多少来自债权人（负债），有多少来自所有者（权益）。通过分析资产负债表，你可以了解公司是如何有效利用这些资产，以及负债的控制情况。

表 14—1 联合帽架公司截止到 2002 年 12 月 31 日的资产负债表

（单位：美元）

	2002 年	2001 年	增(减)幅
资产			
现金和市场证券	335,000	430,000	-75,000
应收账款	555,000	512,000	43,000
存货	835,000	755,000	80,000
预付费用	123,000	98,000	25,000
总流动资产	1,868,000	1,795,000	73,000
所有房屋、厂房和设备	8,100,000	1,900,000	200,000
累计折旧	333,000	234,000	-99,000
净房屋、厂房和设备	1,767,000	1,666,000	101,000
总资产	3,635,000	3,461,000	174,000
负债和所有者权益			
应付账款	450,000	430,000	20,000
应付费用	98,000	77,000	21,000
应交所得税	17,000	9,000	8,000
短期借贷	435,000	500,000	-65,000
总计流动负债	1,000,000	1,016,000	-16,000
长期借贷	750,000	660,000	90,000
总计负债	1,750,000	1,676,000	74,000
投入资本	900,000	850,000	50,000
保留盈余	985,000	935,000	50,000
总计所有者权益	1,885,000	1,785,000	100,000
负债和所有者权益总计	3,635,000	3,461,000	174,000

资料来源：HMM 预算。

在进行纵向比较时，资产负债数据是最有效的。以联合帽架公司的报表为例。首先，报表陈述了公司一定时期内（截止到2002年12月31日）的财务状况。通过将2002年和2001年的报表比较，联合帽架公司是朝着正向方向发展：其所有者权益增加近10万美元。

资 产

你应该理解财务报表中的一些细节。资产负债表首先列出的是最容易转变成现金的资产：库存现金和有价证券，应收账款和存货。这些统称为流动资产。一般地，流动资产也指在一年内可转换成现金的资产。

接下来，资产负债表列出较难转换成现金的资产，例如，建筑物和设备。这些统称为固定资产（因为很难将它们转换成现金）。除土地外，绝大多数固定资产在使用一段时间后就会折旧，公司就需要使用累积折旧法之类的方法扣除这些固定资产的账面价值。房屋，厂房和设备的总财产额减去折旧额就等于当前房屋、工厂和设备的账面价值。

一些公司将商誉列入到资产当中。如果一家公司从另一家公司购入价值超过公平市场价值的资产，这样的商誉就会记入资产。商誉也代表一些无形的东西，如商标名称或者公司已获得的好的声誉。这些都是有实际价值的。其他无形的东西也是有价值的，如专利。

最后，我们看到资产负债表中的最后一项，总计资产。总计资产是流动资产和固定资产的总和。

负债和所有者权益

现在，让我们来看看债权资产。让我们先从流动负债说起。*流动负债*是指将在一年内偿还的债务；包括短期借款、薪水、所得税和应付账款等；今年到期的长期贷款也列在流动负债名下。

流动资产减流动负债就等于公司的净流动资本。*净流动资本*是与公司当前（短期）经营行为相关的资金。根据行业和公司的计划决定其充足程度。在最近的资产负债表中联合帽架公司的净流动资本达到了86.8万美元。

长期负债通常是指债券和抵押债务，公司按合约有义务偿还的债务，包括本金和利息。

根据上述的会计等式，总资产等于总负债加所有者权益之和。因此，总资产减去总负债就是所有者权益。所有者权益由留存收益（扣除支付的股息后的累计净利润）和投入成本（交换股份所得资本）组成。

历史价值

资产负债表中的许多数值并不是它们相应的市场价值。

除现金,应收账款和应付账款这些项目外,其他项目的价值很少会等于它的现在价值或是表现出来的现金价值。这是因为这些账目大多要记录它们的历史成本。“XYZ”的资产负债表中土地价值 70 万美元,这个数字是指“XYZ”在购买土地时的支出。如果这块土地位于旧金山(San Francisco)市中心,购买于 1960 年,那么它的现在价值比资产负债表中的数值会大很多。为什么用历史数据代替市场价值呢?简要地说是因为它减少了两方面的不利因素。如果市场价值受众人委托,那么每个公司就需要对它的每项资产,库存等等进行评估,每年都要这么做。有多少人会相信这些评估?所以我们在资产负债表中采用的是历史数据。

管理重点

虽然资产负债表由会计完成,但是对管理者来说有着非同一般的重要性。

流动资本。财务经理会持续关注流动资本的各个层面,它会自然增长并与销售行为相关。太少的流动资本,会使公司处于一种不利的境地:公司就不能还款或者利用能赚取利润的好机会。另一方面,如果流动资本过多就会减少利润,因为这种资本也是有成本花费的——以某种方式筹措所得,通常是带息贷款。

库存是流动资本的一个组成部分,它直接影响到与财务无关的管理者。通常,像流动资本一样,库存必须在太多和太少之间找到平衡。库存多可以解决不少业务问题:公司可以按时履行客户订单,充足的库存对可能的停产和罢工还可以起到缓冲作用。过多的库存不利的一面是增加财务成本和存货自身市场价值降低所带来的风险。所有种类的库存都会随时间变得陈旧,可售性也会降低,从而对利润产生负面影响。个人的电子商务就为过量库存如何影响利润底线提供了一个清晰的例子。一些分析师预测,由于在这种高速前进产业中的技术落后,成品库存价值将每天减少2%左右。

财务杠杆。你可能曾听人说过,“这是一个高杠杆情况”。你知道“杠杆”在财务领域内的意思吗?财务杠杆是指企业利用负债来调节权益资本收益的手段。当一个公司在资产负债表中债务所占的比例大于所有者的投入资金时,我们就称这样的公司是高杠杆。例如,假设你花40万美元购进一项资产,其中10万美元是你自己的,另外30万美元是借来的资金。为简化说明,我们忽略贷款,税和其他从投资中获得的现金流量。四年后,你的资产评估价值为50万美元。你决定出售这项资产。在偿还30万美元的贷款之后,你的账户还剩20万美元(原始的10万美元加上10万美元的利润)。这时你个人资金的获利就达到100%,尽管资产只增值25%。财务杠杆使其成为可能。相反地,如果你用自己的40万美元购进所有东西,那么,你就只能获得25%的利润。(相反地,*经营杠杆*是指固定成本与可变成本之间的关系。例如,过多地依赖机器而很少依赖工人来生产产品的公司就是高经营杠杆。)

财务杠杆为公司创造了用所有者投资资金赚取更高回报的机会。在美国和其他国家,税收政策使财务杠杆更具吸引力,可以减少贷款的利息支出。但是两种情况下杠杆的作用将降低。如果一项资产贬值(或是未能达到预期的收入水平),那么杠杆的作用就会有悖于所有者。思考一下我们的例子,如果资产贬值 10 万美元,也就是只值 30 万。所有者就会在偿还初期的 30 万美元贷款后损失他(她)的整个 10 万美元的投资。

公司的财务结构。财务杠杆的潜在负面影响是阻止首席执行官,财务执行官和董事会成员将其债务融资最大化的原因。相反,他们会寻找一种财务结构,以使资产负债表中的债务和权益达到平衡。虽然在一切顺利的情况下杠杆会给公司带来赢利,但是管理者也知道每多一美元债务,经营的风险就会随之增加——如上所说的风险以及高债务导致的高利息,无论情形好坏,利息总是要交的。许多公司都不能在业务下滑或不景气时及时偿还他们的贷款。

当债权人和投资者审核公司的资产负债表时,他们会注意债务—权益比率。他们将资产负债表的风险分解到贷款的利息和要求从公司债券中所获得的回报上。例如,一个高杠杆公司要支付 14%的贷款利息,而低杠杆的竞争对手则只有 10%—12% 。投资者也要求高杠杆公司要有更高的股票投资回报率。他们拒绝接受高风险低回报。

人力资产在哪里?

在人们通过查阅财务报表去获悉公司情况的时候,许多人却在质疑传统的资产负债表在反映人力资本价值和利润潜力方面的能力。这对知识驱动型的公司来说尤为正确,在这样的公司里知识资产、品牌价值和客户关系都是真实的能够创造价值的资产。不幸的是,这些无形的资产并没有反映在资产负债表中。

资产负债表与真实价值反映之间的不相干性日益增长。美国联邦储备委员会(Federal Reserve Board)主席阿兰·格林斯潘(Alan Greenspan)在2000年1月就抱怨说会计未能追踪"知识资产"的投资。美国证券交易委员会(SEC)前主席阿瑟·李维特(Arthur Levitt)回应了格林斯潘的担忧:"随着无形资产的规模和范围的增长,越来越多的人质疑是否真实的价值——和这种价值的驱动因素——要以一种合适的方式及时向公众公开。"的确,纽约大学(New York University)的巴鲁奇·列维(Baruch Lev)的一项研究表明,平均每家公司有40%的市场价值都没能列在资产负债表中。对于高科技公司来说,这个数字要超过50%。

这些发现表明,投资者和管理者必须要将注意力转移到"钢筋水泥"、设备,甚至是传统资产负债表组成部分的现金之外,而把注意力放在那些能为股东带来最大价值的未披露的资产上。在绝大多数情况下,这些资产是在公司与客户之间架起"桥梁"的人,是创造革新满足客户需要的人,是那些能够团结他人发挥出更大作用的人。会计职业已经开始就将这些无形资产纳入财务报表中的利与弊展开了争论。关注未来的发展形势吧。

损 益 表

损益表表明了一定时期内经营的结果。"一定时期内"是要点。不同于资产负债表,它只是简单表述一定时间上某点的情况,而损益表则表明一个时间框架内累积的经营结果。损益表会告诉你公司是否赢利——无论是正的还是负的净收入(净收益)。这就是损益表通常被看作是"利润—损失"表的原因。损益表阐明一定时期的末端——通常是月末,季末或公司的财政年度末端——公司的利益率。另外,损益表也表明公司为赚取赢利花费了多少成本——从中你可以确定公司的利润率。

像我们阐述资产负债表一样,我们同样可以用一个简单的等式来表示损益表中的内容:

总收入 − 支出 = 净收入(净损失)

损益表通常从公司的总收入着手:来自产品销售或为客户服务所带来的收入的总和。一家公司通常也会有其他的收入。多数情况下,这些收入来自于投资,或公司持有现金的利息收入。

不同的成本和支出——从制造成本和商品储存,到厂房和设备折旧,到利息支出和税——都要从总收入中扣除。剩下的就是报表期内的净收入,或净利润或净所得。

以联合帽架公司的损益表为例解释不同的项目(表14—2)。

销货成本是指联合帽架公司生产帽架的成本。这个数字包括原料成本，如橡胶，以及到产品制作完成的成本，包括直接劳动力成本。从销售总收入中扣除商品销售成本就得到了公司的毛利——最初的公司赢利估计值。

下一个主要的类目就是营业费用。营业费用既包括管理支出、员工薪水、租金、销售和营销成本，又包括不直接属于制造产品成本的企业其他成本。制作帽架的橡胶就不包括在内；而广告和联合帽架公司雇员的工资则计算在内。

折旧作为一项开支存在于损益表中，尽管它不包括实付支出。如早前所述，折旧是在资产的假设有效使用年限内实际减少的资产负债表价值。例如，一台计算机每年将损失 1/3 的价值。因此，公司在购买电脑的第一年不会支出其所有价值，实际上是用了三年时间。折旧背后的观点是要认知某些资产的价值的消失。

从毛利中扣除营业费用和折旧就得到了营业收益。这些收益又称为利税前收益(EBIT)。

现在，我们来看看利息支出。利息支出是指公司支付的贷款利息。所得税是指政府对企业收益所征收的税款，这是最后一项支出。

总收入中减去上述支出，剩下就是净收入，或净收益。如果净收入为正，如联合帽架公司的例子，就代表我们获得了利润，以赢利为目的的公司就达到了它的目的。

表 14—2　联合帽架公司截止到 2002 年 12 月 31 日的财年损益表

（单位：美元）

零售销售收入	2,200,000
公司销售收入	1,000,000
总销售收入	3,200,000
减：销货成本	1,600,000
毛利	1,600,000
减：营业费用	800,000
折旧费用	42,500
利税前收益	757,500
减：利息支出	110,000
税前收入	647,500
减：所得税	300,000
净收入	347,500

资料来源：HMM 财务。

看懂损益表

像我们分析资产负债表一样，我们对以多周期的形式表述的公司损益表的分析对我们非常有帮助作用。能够让我们发现趋势和突破。绝大多数年度报告的数据都是多周期的，一般都会包括前五年甚至更久以前的数据。表 14—3 就列出了联合帽架公司多年的损益表。

表 14—3　联合帽架公司损益表(单位:美元)

	截至 12 月 31 日			
	2002	2001	2000	1999
零售销售收入	2,200,000	2,000,000	1,720,000	1,500,000
公司销售收入	1,000,000	1,000,000	1,100,000	1,200,000
总销售收入	3,200,000	3,000,000	2,820,000	2,700,000
减:销货成本	1,600,000	1,550,000	1,400,000	1,300,000
毛利	1,600,000	1,450,000	1,420,000	1,400,000
减:营业费用	800,000	810,000	812,000	805,000
折旧费用	42,500	44,500	45,500	42,500
利税前收益	757,500	595,500	562,500	552,500
减:利息支出	110,000	110,000	150,000	150,000
税前收入	647,500	485,500	412,500	402,500
减:所得税	300,000	194,200	165,000	161,000
净收入	347,500	291,300	247,500	241,500

在这张多周期表格中,我们发现联合帽架公司的年度零售收入稳步增长,而公司销售收入持平甚至出现小幅的降低。营业费用一直不变,但是总的销售在扩大。这对于管理层控制成本底线经营是个好的信号。公司的利息支出也在下降,也许是还清了贷款。最后一行,净收入呈健康增长趋势。

现金流量表

现金流量表是三个主要财务报表中的最后一个，很少用到也很少有人去了解。该报表详细说明了为什么现金数量（现金等式）在会计年度内发生改变的原因。它还更清楚地反映出经营行为、投资和融资行为对现金变动的影响。就像你收到的你的活期存款帐户的银行报表一样，现金流量表会显示出在期初你持有的现金量和期末持有的现金量。它还描述公司在一定时期内获得的和花费的现金。现金支出记为负值，现金收取记为正值。

如果你是一家大型公司的管理者，公司现金流的变化不会影响到你的日常工作。但是，留意公司最新的现金流量计划是个不错的主意，因为这些可能会在你准备来年的预算时起到作用。例如，如果资金紧张，你就要保守估计花费。相应地，如果公司现金充足，你就有机会进行新投资。如果，你是一家小公司的管理者或所有者，你就可能对现金流量的情况感觉非常敏锐，同时，还能感觉到它每天产生的影响。

现金流量表是有用的，因为它标明你的公司将应收账款转换为现金的能力——最终决定你公司的偿付能力。*偿付能力*是指账款到期时的还款能力。

像我们阐述其他报表一样，我们也可以用一个简单的等式的形式来描述现金流量表的概念：

利润现金流量 ＋ 其他现金 － 现金支出 ＝ 现金变化量

再以联合帽架公司为例，我们看到在2002年的现金流量表中，公司的现金流量为377,900美元(见表14—4)。表中列明经营现金流量为283,900美元，加上投资的92,000美元，再加上融资的2,000美元，总的现金流量就为377,900美元。

现金流量表和损益表衡量的东西不一样。如果没有现金交易，现金流量表就不会有反映。注意，现金流量表中最上面一行的净收入与损益表中的最后一行应该是相等的，都是公司的利润。通过一系列的调整，现金流量表将净收入解释成现金基础。

表的格式反映了三种影响现金的行为。现金可能增加也可能减少，因为(1)经营；(2)并购或资产销售收入；3)债务，股票或其他融资行为的变化。让我们依次来进行分析，首先从经营开始：

- 应收账款和成品库存代表公司已经生产但是未收到付款的项目。先付费用是指公司已经支付但还未消费的项目。这些项目都要从现金流量中扣除。
- 应付账款和应付费用是指公司已经收到或使用，但是还没付款的项目。相应地，这些项目也要加到现金流量中。

现在，考虑投资。投资行为包括：

- 从出售工厂、房屋和设备中获得的收益，换句话说就是将投资转化成现金。
- 公司用于投资财务工具、购买工厂、房屋和设备的现金(投资于工厂，房屋和设备的现金通常计为资本支出)。

现金流量表指出联合帽架公司以26.7万美元的价格售出一幢建筑，资本支出是17.5万美元，净现金流量增加9.2万美元。

表 14—4　联合帽架公司 2002 年现金流量表(单位:美元)

净收入	347,500
营业资产和负债	
应收账款	-75,600
成品库存	-125,000
先付费用	-37,000
应付账款	83,000
应付费用	25,000
应付所得税	-23,000
折旧费用	89,000
营业资产和负债总变化量	-63,600
营业现金流	283,900
投资行为	
房屋,工厂和设备销售所得	267,000
资本支出	-175,000
投资现金流	92,000
融资行为	
短期债务增长	27,000
长期借贷	112,000
股本	50,000
股东现金股息	-187,000
融资现金流	2,000
年度现金增长	377,900

资料来源:HMM 财务。

最后，我们看看融资行为对现金流量变化的影响。联合帽架公司通过增加短期债券发行，从资本市场借款，发行股本来筹资，这样，可获得的现金流就增加了。联合帽架公司支付的股息中，18.7 万美元必须从现金流量中支出，这就意味着现金流量减少。

现金流量与利润

许多人会把利润当作现金流量。不要犯这样的错误。在特定时期内，利润可能或不能产生正的现金流量。例如，如果今年的利润是因为 11 月的销售猛涨而获得，销量就会被计入该财年的总收入——这就增加了利润。但是，如果到下一个会计年度，销售收入仍然没有收到，它就会被计入到应收账款中，这就意味着从现金流量中扣除。

从哪儿获取财务报表？

如前所述，在美国公开金融市场上交易的所有公司都要按照证券交易委员会的要求每年编制并向股东公布它们的财务报表。绝大多数年报都会按照证券交易委员会的基本要求，提供每年的经营状况和未来前景。绝大多数公众公司也会发布季报。

如果你想获悉有关你的公司的更多的资料——或是你的竞争对手之一的资料——那么，就去获得一份你的公司的 10-K 表格文件，这个文件必须向证券交易委员会备案。10-K 表格通常包括一个公司的生产状况和战略信息，它对市场和客户的看法，它的产品，它面临的重要的风险和业务挑战，等等。你可以直接从公司的投资者关系部门或是在http://www.sec.gov/edgar/searchedgar/formpick.htm 来获取 10-K 报告、年报和季报。

小　　结

- 资产平衡表表明一家公司在特定时期内的财务状况。它可以使你对公司的财务情形——在特定的一天的资产，权益和负债——有个大致了解。
- 损益表表明公司账本底线：在一定时期内——一个月，一个季度或一年，产生的利润或损失。
- 现金流量表表明公司现金的流向和去向——换句话说，现金在一个公司的流入和流出。
- 总的来看，损益表告诉你的是公司是否赢利。资产负债表告诉你公司为了获取赢利在使用资产和管理负债方面的效率。现金流量表告诉你现金是如何通过经营，收取或销售资产，以及融资行为来增加或减少的。

经理人百宝箱

15 净现值和内部回报率

15 净现值和内部回报率

——有关时间成本

本章重点话题

- 现在价值和未来价值
- 净现值
- 内部回报率
- 最低预期回报率和贴现率

本章将为你介绍利用财务决策工具来解释时间价值:尤其是现在价值和未来价值,净现值和内部回报率。这些是管理者能用到的最有效和有用的财务工具中的一部分。无论你是正考虑开发一种新产品,新资产的购买,还是其他任何类型的投资,这些时间价值工具都能够大大增强你的决策。最棒的是这些工具能够为你的公司在这些决定中的资本成本作出解释。

时间价值及其重要性

一些管理者利用投资回报率(ROI)的概念来作出决策和评估绩效。他们说,“我们在这项技术的开发上投资1000万美元,然后,在四年后以1500万美元的价格销售出去。因此,我们的投资回报率是50%。”不幸的是,投资回报率的计算有一个“致命”的弱点:未能说明现金流量的时间。现金流量的时间非常重要,应该包括在管理决策之内。为了理解其原因,请参考两项不同的投资——A和B。

投资A

购买土地花费100万美元;四年后以150万美的价格销售出去。

投资B

购买土地花费100万美元;两年后以150万美元的价格销售出去。

每项投资的投资回报率都是50%,但是,很显然,投资B是更好的,因为,同样的回报率,投资B所用的时间只是投资A的一半。

投资回报率作为决策工具的实用性是有限的。但是,无论怎样,了解它和它的弱点还是有好处的,因为,还有很多生意人在使用它。

计算投资回报率

投资的回报可以表现为以下几种形式：节省成本，增加利润，或价值增值。你可以从确定“净回报”开始。从所获得的总收益中减去投资的总成本，这样计算出来的结果就是投资的净回报。然后，用净回报除以投资总成本，这样计算出来的结果就是投资回报率。例如，利用上面提到的投资 A 来说明：

总收益 － 总成本 ＝ 净回报

1,500,000 － 1,000,000 ＝ 500,000 （单位：美元）

净回报 / 总成本 ＝ 投资回报率

500,000 / 1,000,000 ＝ 50% （单位：美元）

资金的时间价值是基于资金可以赚取利息的基本原则，即今天收到的资金，若用来进行投资，在未来的几个月，或几年里的价值会更高。如果你对这段陈述有什么疑问，请参考下面的例子：

你的岳父把你叫到一旁，然后说，“可怕的死神这些天一直抓住我不放。差不多，我愿意拿出我自己所有的钱，我决定在我去世以前给你一大笔钱——30 万美元。”

当然，你很高兴得知他的慷慨。你同样也渴望知道你什么时候能够真正得到这笔钱。他继续说,“我不确定我什么时候会把钱给你。也许是今年,也许是明年,或者是五年。但是,这并不重要,因为,不管发生什么事情,我都会给你 30 万美元。”

你岳父的最后的论点是完全错误的。你拿到钱的时间是非常重要的。由于复利的结果,30 万美元在今天到银行存为年利率为 10%的定期存款,那么,从今天算起到五年后,这 30 万美元的价值将略微超过 48.3 万美元;或者是年利率 5%的活期存款,那么从今天算起到五年后,这 30 万美元的价值将变成差不多 38.3 万美元!以我们所举的例子中的 30 万美元为例,复利的年利率为 10%,时间为五年,让我们看看随着时间的过去,复利起到了什么作用(参见表 15—1)。

表 15—1 复利的年利率为 10%的投资的时间价值

周期	起始价值	利息生利	最终价值
1	300,000 美元	+30,000 美元	330,000 美元
2	330,000 美元	+33,000 美元	363,000 美元
3	363,000 美元	+36,300 美元	399,300 美元
4	399,300 美元	+39,930 美元	439,230 美元
5	439,230 美元	+43,923 美元	483,153 美元

这个例子证明了时间在你的现金收入中的重要性。如果你的岳父今天给你 30 万美元，你将比他在五年后给你这 30 万美元多收益 18.1153 万美元（假定复利的年利率是 10%）。（注意：这个分析假定你以同样的利率再投资你获得的利息。）

这个例子中还介绍了许多重要的财务术语：

- **现在价值（Present value）**。30 万美元是*现在价值*（PV），是今天收到的总额。
- **未来价值（Future value）**。483,153 美元是*未来价值*（FV），是现在价值，或连续支付以特定的复利率计算，在未来特定的时间的价值，等于今天价值的特定总和。
- **周期（Periods）**。时间通过周期（n）来区分。在这个例子中，周期数为 5 年。
- **率（Rate）**。率（i）是指复利的百分率。

了解这些术语，并适当地使用这些术语，你公司的首席财务官（CFO）对你的评价会提高一或两个等级。

对于初学者来说，他们被迫利用像表 15—2 这样的表来学习如何计算现在价值和未来价值。这个表以现在价值是 1 美元为例，给出了不同的复利利率和复利周期。表中的每一个单格一般称为复利现值系数（PVIF）。例如，根据这个表，1 美元在利率为 10%（i），周期为 5 年的情况下得到的复利现值系数是0.621。换句话说，假定你今天以 10%的复利利率投资基金，那么，在 5 年之后收益 1 美元的现在价值是 0.621 美元。

表 15—2 现值 1 美元(复利现值系数)

周期	2%	4%	6%	8%	10%	12%
1	0.980	0.962	0.943	0.926	0.909	0.893
2	0.961	0.925	0.890	0.857	0.826	0.797
3	0.942	0.889	0.840	0.794	0.751	0.712
4	0.924	0.855	0.792	0.735	0.683	0.636
5	0.906	0.822	0.747	0.681	0.621	0.567
6	0.888	0.790	0.705	0.630	0.564	0.507
7	0.871	0.760	0.665	0.583	0.513	0.452
8	0.853	0.731	0.627	0.540	0.467	0.404
9	0.837	0.703	0.592	0.500	0.424	0.361
10	0.820	0.676	0.558	0.463	0.386	0.322

确定未来价值的表同样是可利用的。类似于这样的表使用起来非常简单，但是，由于现今已经有了预先编制程序的商业计算器和电子数据表，因此，你不再需要它们了。商业计算器，像普遍使用的“惠普 12C”就包含几个能够使这些问题解决起来更简单的关键程序。它的键盘上有现在价值键(PV)，未来价值键(FV)，复利利率键(i)，和复利周期键(n)。如果你知道其中的任何三个变量，

这个计算器就会为你正确解答出第四个变量的值。在说明书上对输入这些数值的顺序和获得答案作出了详细解释。同样,个人计算机电子数据表程序,像微软公司(Microsoft)的"Excel"就嵌入了使时间价值问题解决起来更容易的计算公式。

净现值

未来价值是一个容易掌握的概念,因为,我们中的大多数人已经接触过复利的原理。将钱存入带息账户,然后就不再去管,那么,随着时间的累积,你的钱将会逐步增加到一个很大的数目。你不管的时间越长,或者复利利率越高,或者二者都有,那么,你的未来价值就会更大。未来总数的现在价值的概念不是很熟悉也不是很直观的,但是,财务人员和其他精明的管理者一直在使用。你也可以。

现在价值是假定复利年利率,计算一笔未来资金在今天的价值。为了理解现在价值的概念,让我们回顾前面所举的例子——来自你岳父的遗产。在那个例子中,未来价值 48.315 万美元的现价值是 30 万美元。这是通过一种贴现方法,或反向复利的方法,在年利率为 10%,周期为 5 年的情况下计算得出。用财务的用语来说,10%是贴现率。如果你的岳父说,"瞧,我的计划是从现在算起,5 年后我将给你 48.3153 万美元,但是,如果你今天就想得到这笔钱的话,那么我将只会给你 30 万美元。"假设,你能够以 10%的复利来投资的话，那么他所给你的是一个相等的价值。简而言之，你看不出来现在得到 30 万美元和你 5 年后得到 48.3153万美元有什么不同——除非你担心你的岳父不能很好地履行他的诺言。

注意，在表 15—2 中，在复利利率为 10%，周期为 5 年的情况下，复利现值系数是 0.621。我们可以利用这个系数来计算你的岳父在 5 年后给你的 48.3153 万美元的"礼物"的现在价值。

未来价值 × 复利现值系数 ＝ 现在价值

483,153 × 0.621 ＝ 300,038 （单位：美元）

由于表中的复利现值系数四舍五入的原因，我们的计算结果只有一点点不精确。

复利现值系数表清楚地显示出货币现值在未来的收益。你的财务计算器和个人计算机电子数据表程序能够处理同样的计算。你只需要简单地输入已知的数值（未来价值，贴现率和复利周期），然后就能够计算出未知的数值（现在价值）。

现在，你已经了解了现在价值，现在让我们谈谈另一种典型的商业情况，通过它来了解时间价值计算是如何来帮助你作决策的。但是，首先我们要将现在价值的概念范围扩大到净现值（NPV），即未来现金流量的现值减去先期投资的成本。让我们来举例说明这个概念，联合帽架公司期待公司的新的产品生产线能够从现在开始每年创造 7 万美元的利润（或者，更明确一些，现金净流量）。为了表达清楚，我们同样假设这个年度利润水平会连续持续 5 年（总利润 35 万美元）。使新的产品生产线投入生产所需要的前期投资是 25 万美元。那么,这家公司所面临的问题可以用下面的话语来表达:已经给出了预期利润流和使产品生产线投入生产所必需的前期成本 25 万美元,那么,使新的产品生产线的投入生产所需的 25 万美元的前期成本是不是最有价值的投资方式呢?或者,联合帽架公司可以取消在这个新的产品生产线上的投资,转而投资在其他地方呢?

净现值计算可以回答这个问题。净现值计算能够验证在未来 5 年内预期收益的 35 万美元的现在价值低于 35 万美元。由于贴现,预期收益的现在价值要低于预期收益。换句话说,35 万美元的未来收益总额必须通过贴现来换算成和现在价值相等的美元数额。贴现的多少要依赖于回报率——联合帽架公司将这 25 万美元以同样的周期投资在别的项目而不是这个新的产品生产线的预期收益。在前面已经解释过,回报率通常称为贴现率。当利率用于计算投资的净现值时,它被称为贴现率,通常用百分率来表达。在我们所举的联合帽架公司的这个例子中,让我们假定贴现率是 10%。但是,在我们描述算法之前,让我们列出下列情况(单位:千美元):

年度	0	1	2	3	4	5
现金流量	-250	+70	+70	+70	+70	+70

在这里我们看到现金流量在周期 0,也就是我们这个投资项目的起始点的时候为-25 万美元。这是为使这个项目开始所必需的现金流出量。这家公司在接下来的 5 年里,每年年末的现金流量为 7 万美元。

为了找到联合帽架公司的现金流量流的净现值，我们需要找到每一个7万美元现金流量在贴现率为10%的情况下，在其对应年份的现在价值。如果我们将这5年的现金流入量的现在价值相加，然后减去25万美元的前期投资，我们就会得出这次投资的净现值。我们可以利用复利现值系数表（参考表15—2）和现在价值利息系数来确定这一组现金流量的净现值。现金流量的单位为“千美元”。

像这样的计算可能是费力的，但是财务计算器和个人计算机电子数据表能够使计算更快，更精确。你所要做的就是按正确的顺序输入正确的数字。你的计算器或电子数据表的净现值功能考虑到了你的前期投资，每一个现金流量周期，你的贴现率和你得到现金流量的年数。

周期的开始还是结束？

在解决净现值和其他时间价值的问题的时候，了解现金流量发生在周期的开始，或是周期的结束是非常重要的。在1月初得到的现金流量的现在价值要比在同年12月末收到同样数量的现金流量的现在价值的价值高得多。你的财务计算器和电子数据表能够充分考虑到这种重要的不同。

如果净现值的结果是正数，如果没有其他正在考虑的投资，那么这个投资是可行的。在表15—3中描述的联合帽架公司的例子中，衣架生产线的净现值是1.53万美元，这就意味着对于联合公司来说，这是一个可行的投资。它的复合年度回报率最低是10%。当这个结果是正数的时候，如果这个项目是可选择项目中比较好的一个，那么，公司的管理者应该继续运作这个项目。每一个充满活力的公司都拥有许多可选择的投资项目，同时，在作出任何决策之前都应该进行相同的净现值分析。

表15—3 联合帽架公司的现金流量的净现值

	现金流量（单位：千美元）	复利现值系数	现在价值（单位：千美元）
年度0	−250		−250.00
年度1	+70	0.909	+63.63
年度2	+70	0.826	+57.82
年度3	+70	0.751	+52.57
年度4	+70	0.683	+47.81
年度5	+70	0.621	+43.47
总和			+15.30

复杂因素

当然，商业情况总是比我们设计的便捷简单的联合帽架公司的例子复杂得多。项目投资很少在一开始的时候就投入整笔资金，而且，随着时间的推移，现金流量也不总是规律的——有时是正数，有时是负数。更何况，通常难以，甚至无法准确估计遥远未来的现金流量的情况，或者现金流量最终结束的时间。一些投资随着产品生产线或厂房的卖出而突然终止——这个净销售价值必须被作为最终价值现金流量记入。其他的现金流量可能会持续几十年，然后逐渐消失。

把这种复杂性记在心里，我们将设法利用净现值分析来为你呈现一个更加逼真的商业情况的画面。让我们故意将联合帽架公司的新产品生产线投资项目变得更复杂一些。我们将采用三种方式，然后通过同样的净现值分析结构来向你展示如何评估投资项目：

1. 我们将把25万美元的投资分成三个周期，而不是原来的一个。

这是在开发一个新产品生产线时更加典型的商业操作。

2. 现金流量将会更加不规律，在第一年的现金流量为负数，在最后一年的现金流量是增长的。

3. 我们为联合帽架公司作出了在第五年度的年末将这个产品生产线以17万美元的价格卖掉的计划，我们将把这个销售价格视为最终价值。

表15—4显示了这些假设的结果。再次将贴现率设置为10%，我们计算出这一组有正数，有负数的现金流量的净现值是6.98万美元。如果10%对于联合帽架公司来说是资本成本，那么我们能够判定这次投资将(1)收回资本成本和(2)实现6.98万美元的现值贡献。

表 15—4　联合帽架公司的现金流量的净现值,带有复杂因素

(单位:千美元)

	年度 0	1	2	3	4	5
现金投资	-150	-75	-25	0	0	0
运营现金流量		-15	+40	+80	+90	+100
最终价值						+170
现金净流量	-150	-90	+15	+80	+90	+270
复利现值系数		0.909	0.826	0.751	0.683	0.621
现在价值	-150	-81.81	+12.39	+60.08	+61.47	+167.67
净现值	+69.80					

更多复杂因素

我们的介绍使得净现值分析看起来和数学一样简单。不幸的是,这种简单只不过是因为我们所使用的预期估计的现金流量正是在未来发生的。有人可能会问,“但是,现实又是怎么估计的呢?”参考联合帽架公司的 25 万美元投资。这个数字是从哪儿来的?可能是联合帽架公司的研发部门和制造部门的员工达成一致的估计。这些人拥有设计新产品和装配生产出这些新产品的制造设备的经验。但是,过去的经验对于未来来说是一个不确定的指导。你唯一能够确定的就是投资的成本要么多于 25 万美元,要么少于 25 万美元!

运营的净现金流量估计必定缺少一些可靠性。考虑一下运营的现金流量是如何确定的。生产线的管理者无疑会询问市场部门以下三个问题：

1. 你的员工在接下来的5年里，每年能销售出多少新产品(按单位计算)?

2. 我们每年销售的净收入是多少?

3. 为了实现这个销售价格，你所需要的营销预算是多少?

这位管理者同样从制造单位那里得到单位产量、劳动力成本和原材料成本的估计值。实际上，这位新产品的管理者必须制定一个详细的"迷你型"损益表。这个表将结合对新产品生产线在未来5年内的分析，详述收入和成本(原材料，劳动力，营销和所有其他成本)。收入和成本之和就是运营现金流量。

将利用这些年度运营现金流量的估计值来确定项目的净现值。显然，这里存在着许多假设和大量出差错的机会——尤其是当员工尝试预测未来和更远的将来的销售的时候。甚至还存在一种可能，那就是新的产品生产线生产的新产品的销售会剥夺现有产品生产线生产的产品的销售。因而，特定的投资的"对手"通常能够找到很多机会来对这个数字发起"进攻"，而经验丰富的决策人通常会坚持更确切的保守销售预测和成本估计。

然而，基于充分假设的谨慎的净现值分析是一种极好的决策手段——这当然要比固定的供选方案要好。如果一项投资的净现值能够用"最差情况"，"最有可能情况"和"最佳情况"呈现，那么，决策的价值就会提高。这种方法能够在组织里更大范围地记录关于单位未来销售、多种生产成本和其他假设的情况。

内部回报率

联合帽架公司的产品开发副总裁法恩斯沃思·戴伯(Farnsworth Dabble)正在专注地向高层汇报他的新产品生产线的提案。他将听众的注意力引向他和他的同事的新产品生产线的连续5年的现金流量的预测。"在这个项目的前2年,你们看到了,我们预测的每一年的现金量是负数,主要是因为研发的费用和生产缓慢。但是,在接下来的3年,我们预测现金流量会大幅度提高,尤其是,如果我们在第5年年底卖掉产品生产线和生产设备。"

戴伯继续解释用来确定那些现金流量的假设,内部潜在的争论和他的团队更希望作出保守的预测。他满意地作出结论,"你们可以看到,这个被提议的产品生产线的净现值为正数。"

首席财务官首先发问,"这个项目的内部回报率是多少?"

戴伯的表情呆住了。内部回报率?他过去曾经听过这个词,对这个词的含义了解一些,但是,他不知道如何进行实际的计算,或者如何回答首席财务官的问题。最后,他不得不说出了不希望他的下属——或他的老板——听到的话:"我不知道。"

内部回报率(IRR)是另外一种管理者能够利用来决定是否致力于特定的投资机会,或用来排列各种理想机会的时间价值工具。内部回报率被定义为令投资中的所有现金流量的净现值等于零的贴现率。让我们来根据联合帽架公司的更复杂的新的产品生产线的现金流量预测来考虑一下投资回报率的意思：

年度	0	1	2	3	4	5
现金净流量	－150	－90	＋15	＋80	＋90	＋270

前面已经计算过，这个现金流量流在贴现率为10％的情况下的净现值是6.98万美元。如果结果是真实的，那么这个数字将抵消联合帽架公司的资本成本（10％），并贡献6.98万美元的附加现在价值。内部回报率会告诉我们更多的事情。内部回报率以纯数字的形式记录贴现率和附加现在价值贡献。为了计算内部回报率，我们需要确定使净现值完全减少到零的贴现率。内部回报率就是这个贴现率。

我们从一开始就知道，在我们所举的例子中的内部回报率大于10％，因为，在贴现率为10％的情况下，净现值为正数。但是，具体大到什么程度呢？嗯，如果我们有几块黑板和几个小时，我们能够通过反复使用越来越高的贴现率的方法来计算内部回报率。最后，我们就会得出那个使净现值为零的贴现率，也就是内部回报率。但是，财务计算器和电子数据表再次"拯救"了我们，这些工具使得内部回报率的计算变得非常简单。我们所需要做的只是输入每个现金流量的数值，然后，我们就能得出正确的贴现率(i)。内部回报率的计算所使用的代数公式与净现值的计算公式一样。在净现值的计算中，你已知贴现率，或者回报率期望值，你要解答的是未来现金流量的净现值的方程式。相反，在内部回报率的计算中，净现值为零，而贴现率是未知数。这个方程式就是为了求出贴现率。在联合帽架公司的例子中，内部回报率约等于17.7%。

通常，当内部回报率高于要求的资本机会成本（选择一项投资并放弃另一项投资在回报上的区别）时，这个考虑中的投资应该被采用。你同样可以利用你公司的最低预期回报率作为内部回报率目标。首席财务官通常指定最低预期回报率，最低预期回报率是企业的所有投资必须达到的最小内部回报率。考虑中的投资的内部回报率必须超过最低预期回报率，这样公司才能够将投资进行下去。

对于一个行业来说，最低预期回报率为多少才是合理的？这由于公司的不同而不同。通常，最低预期回报率的设定要高于从无风险投资中得到的最低预期回报率，例如，美国财政部发售的公债。事实上，你可以像这样来考虑最低预期回报率：

最低预期回报率 ＝ 无风险回报率 ＋ 企业的附加风险率

像所有投资者一样，企业期待着从这种不确定性中赢利。你的新的产品生产线和其他类似的活动天生就充满着不确定性。由于这个原因，他们需要预期的计划能够显示出极好的预示。

一些公司在不同类型的投资中使用不同的最低预期回报率，在低风险的投资中使用较低的最低预期回报率，而在高风险的投资中则使用较高的最低预期回报率。例如，一家公司在替换现有的装配生产线，或一部分专用设备的时候，将最低预期回报率设定为8%，而在扩大现有的产品生产线的时候则将最低预期回报率设定为12%。而开发一条新的产品生产线的风险更高，或许需要将最低预期回报率设定为15%。

小　　结

- 净现值是指每年的净现金流量按规定的贴现率折现到计算期初的基年的现值之和。许多决策的效果你都可以利用净现值来分析。
- 内部回报率是另外一种管理者能够利用来决定是否致力于特定的投资机会,或用来排列各种理想的机会的工具。内部回报率是投资的净现值等于零时的贴现率。
- 最低预期回报率是企业的所有投资必须达到的最小内部回报率。在大多数情况下,在时间价值的计算中被作为贴现率来使用。

经理人百宝箱

16 无盈亏平衡点分析和经营杠杆

16 无盈亏平衡点分析和经营杠杆

——理解现金流量

本章重点话题

- 固定成本,可变成本和贡献毛利的概念
- 如何确定固定投资额的无盈亏平衡点
- 经营杠杆的好处和危险

本章将讲解许多管理者在决策过程中发现的非常有用的工具——无盈亏平衡点分析。在讲解这个工具的过程中还将介绍几个每一位管理者都应该了解的其他财务概念:固定成本,可变成本,贡献毛利和经营杠杆。

无盈亏平衡点分析指出为了补偿固定投资你需要完成的销售额——换句话说,就是使你的现金流量收支相抵的那个点。有这个信息在手,你可以通过了解市场需求和竞争对手占有的市场份额来确定你的预期销售额是否现实。无盈亏平衡点分析同样能够帮助你通过思考改变价格和产量所带来的影响而得出相关的结论。

更具体地说,无盈亏平衡点计算有助于你确定产品生产线或投资的税后贡献抵消总固定成本的产量水平。但是,在你做计算之前,你需要了解相关的计算要素。这些计算要素是每一位管理者都需要了解的有用的术语:

- **固定成本。**固定成本是指在相关范围内,成本总额不随业务量变化的成本——例如,保险费、管理人员的基本工资、固定资产的租金等。例如,不论这家公司的产量是 1 万,还是 2 万,生产设备的租金是不变的,同样地,还有火灾和责任保险。
- **可变成本。**可变成本是指成本总额随业务量的变化而呈正比例变化的成本。例如,公用事业、劳动力和原材料的成本。
- **贡献毛利。**贡献毛利是指补偿固定成本后获得利润的单位可获得的金额。贡献毛利可按如下所示定义:

单位净收入 － 单位可变(或直接)成本

随着对这些概念的理解,我们可以开始计算了。我们正在寻找解决这一问题的简单公式:

无盈亏平衡点产量 ＝ 总固定成本/单位贡献毛利

这里我们来讲述具体做法。首先,从单位净收入中减去单位可变成本,这样我们就得到了单位贡献毛利。然后,用总固定成本,或投资的总额除以单位贡献毛利。所得的商就是无盈亏平衡点产量，也就是单位必须销售出的用来补偿固定成本的产品数量。

无盈亏平衡点复杂因素

我们的联合帽架公司无盈亏平衡点分析只不过代表一个简单的例子。很显然，在例子中假设的成本是固定的或可变的，而作为产量函数的成本和单位贡献是不变的(换句话说，无论产量多少，销售价格不变)。这些假设在更加复杂的社会中可能是无效的。在某个确定的产量水平上，租金可能是固定的，而当你为了应对产量的增加而租用第二台设备的时候，成本增加了50%。劳动力成本事实上是固定成本和可变成本的混合体。而当你的产品越来越多地进入市场的时候，你会发现，这个时候你必须要将商品打折销售——这样就减少了单位贡献。你将需要调整无盈亏平衡点计算以适应这些杂乱的现实。

让我们以联合帽架公司利用塑料压出机来生产帽架为例来看看无盈亏平衡点分析在实践中的应用。压出机的成本是10万美元。假设，压出机生产出的帽架的售价为每个75美元，每个单位的可变成本是22美元。那么(货币单位：美元)：

75(单位售价) － 22(单位可变成本) ＝ 53(单位贡献毛利)

因此，

100,000(总投资额)/53(单位贡献毛利)=1,887(个)帽架

前面的计算表明,联合帽架公司必须销售出1,887个帽架才能够实现与10万美元的投资收支相抵。

根据这一点,联合帽架公司必须判断这个无盈亏平衡点产量是否是可完成的:销售出1,887个额外的帽架的期望值是现实的吗,如果是,需要多长时间?

经营杠杆

作为商人,你的目标当然不是保持收支平衡,而是获得利润。一旦,多个单位销售贡献已经和你的固定成本实现了收支相抵,那么,接下来的销售贡献就是利润。像我们在上面叙述过的一样,

单位净收入 - 单位可变成本 = 单位贡献毛利

从中你可以看出,单位可变成本越低,利润贡献就越大。例如,在制药行业中,制成并包装一瓶疗效神奇的药的单位成本不到1美元。然而,如果公司能够将每瓶药品以100美元的价格销售出去,那么,公司获得的利润就有99美元,这远远超过了无盈亏平衡点!但是,问题是为了完成第一瓶药的生产出厂,这家公司为产品开发投入的前期固定成本有4亿美元。这样,这家公司就需要销售出很多瓶新药品才能达到收支相抵。但是,如果实现了收支相抵,那么,利润将是巨大的。

固定成本和可变成本之间的关系通常以经营杠杆的观点来描述。如果公司的固定成本高于可变成本，那么，可以说这家公司拥有高经营杠杆。例如，药品行业的经营通常都是高经营杠杆。同样，软件行业也是如此——固定成本中较大部分都是产品开发费用；而作为可变成本的用于存放程序的塑料光盘每张才几个便士。

现在，考虑一下相反的一面：低经营杠杆。低经营杠杆是指固定成本相对于每个单位产量的总生产成本来说是很低的。法律公司是低经营杠杆公司的最好的例子。公司成本中的大部分是付给律师的费用，而这个费用的变化则依赖于他们根据实际时间给客户开出的账单。

一旦公司达到了无盈亏平衡点，那么，经营杠杆就成为了一件重要的事情，但是，如果公司从未达到无盈亏平衡点，那么，经营杠杆可能使公司蒙受巨大损失。换句话说，经营杠杆是有风险的。这也是为什么管理者为了找到在固定成本和可变成本之间的合适的平衡点而冥思苦想的原因。

小　结

- 无盈亏平衡点分析指出为了补偿固定投资你需要完成的销售额。
- 固定成本是指在相关范围内，成本总额不随业务量变化的成本。

- 可变成本随着单位生产和销售的数量的变化而变化。
- 贡献毛利是每个销售单位对补偿固定成本所作贡献的总金额。
- 无盈亏平衡点产量是用总固定成本除以单位销售毛利贡献所得的商。
- 经营杠杆描述的是固定成本与可变成本之间的关系。

经理人百宝箱

附录A 有用的实施工具

附录 A 有用的实施工具

本附录中包含了在你作为管理者时对你非常有用的 5 个表格(图 A—1,A—2,A—3,A—4,A—5)。所有的表格都改编自哈佛商学院出版社的在线产品——“哈佛管理导师”(Harvard ManageMentor)。为了方便读者,这些表格和其他选购图书目录,工作表和工具都能够在哈佛商务指南系列网站上找到并下载,网址为 www.elearning.hbsp.org/businesstools。

1. 面试准备表(图 A—1)。这个表格有助于你准备招聘面试,评估职位描述,列出一个清单,使你明确关键职责和职位任务、需要的相关训练和(或)经验以及很好地完成工作所必需的个人特质。你需要提前准备好一些问题,这样你就能够得到你所需要的应聘者在相关领域的信息。面试后,在决策矩阵表中评定应聘者在每个关键领域的成绩。

2. 决策矩阵表(图 A—2)。在你对应聘某个特定职位的每一个应聘者的面试结束之后,完成这个表格。写下每个关键领域的得分。通过总得分和你的面试评语,你可以开始评估哪位应聘者是最适合这个职位的人选。

3. 拟订反馈环节计划表(图 A—3)。在你将反馈提交给其他人之前利用这个工具来使你的反馈系统化。

4. 薪酬工作表(图 A—4)。利用这个工作表来考虑哪些是你在工作上的真正动机。你可以将每一个主题的等级按照从低(1)到高(5)的顺序进行排列。利用这些等级作为你评估当前工作满意度的标准,或者作为你寻找适合你的下一个职位的指导。

5. 技能评估表(图 A—5)。利用这个表格来制定一个评估你的技能的底线,包括那些可转移的技能,或者那些你需要加强的技能。你可以按照从 1(低,初学者水平)到 5(高,专家水平)的等级标准来评定你当前技能的熟练程度。你可能需要从技能评估工具中得到一些与职位直接相关的技能补充;这些技能对你的公司来说也是可用的。你同样还可以利用这个图表从同伴那里获得有关你的技能水平的反馈。

图 A—1 面试准备表

职位名称：

关键职责和任务	相关训练和/或经验
1.	1.
2.	2.
3.	3.
4.	4.

期望的个人特质：

考察的关键领域	**提出的问题**	**注释**
教育	1. 2. 3.	
工作经验	1. 2. 3.	
完成的工作	1. 2. 3.	
技能和知识	1. 2. 3.	
个人特质	1. 2. 3.	
以前的考核或成绩	1. 2. 3.	

资料来源：HMM Hiring © 1998 by the President and Fellows of Harvard College and its licensors。所有权利保留。

图A—2　决策矩阵

职位名称：

应聘者姓名	关键领域成绩（差）1—5（优秀）						总分
	教育	工作经验	完成的工作	技能和知识	个人特质	以前的考核和成绩	
	备注						
	备注						
	备注						
	备注						
	备注						
	备注						
	备注						

资料来源：HMM Hiring

图 A—3　拟订反馈环节计划

列举需要改正或加强的问题或行为。

问题中的组织和个人的重要性是什么?

反馈的目的是什么?

描述这种行为所需的准确的详细信息是什么?(人物;事情,时间)

行为的影响是什么?

你希望产生什么样的结果?

给出反馈的最佳人选是谁?为什么?

哪些沟通类型是最有效的?为什么?

描述可能存在的给出反馈障碍?怎么克服障碍?

其他人的哪些行为更具建设性?为什么?

资料来源:HMM Hiring © 1998 by the President and Fellows of Harvard College and its licensors。所有权利保留。改编自 *Giving and Receiving Feedback*, 32。

图 A—4 薪酬工作表

	重要性或价值的等级 低 高 1 2 3 4 5
经济利益 这个职位为经济收益提供了极好的机会。	
权力和影响力 这个职位提供了行使权力和影响力的机会，使你有机会成为一位有影响力的决策人。	
生活方式 这个职位符合我渴望的生活方式。使我能够平衡工作与生活的需求和兴趣。	
自主性 这个职位为我提供了自主性和独立性，即工作上不需要过多严格监督的能力。	
归属 这个职位能够让我与我喜欢和崇拜的同事一起工作，并使我有一种群体归属感。	
工作空间 办公地点和自然环境是理想的，而且能够使我从中受益，例如，愉快的工作环境，方便的通勤，或便利的日托。	
智力激励或挑战 这个职位是令人关注并充满挑战的，而且提供了学习和发展的机会。	

图 A—4(续)

	重要性或价值的等级 低　　　　　高 1　2　3　4　5
能力 这个职位为我提供了加强某个领域内的能力或专业技术的机会。	
认可与支持 在这个职位和工作环境里,我的贡献得到认可和重视。我的发展也得到了足够的支持。	

其他

列出另外一些你重视的特殊薪酬。

评估

评估你的上述等级,看看哪些是你认为最重要的?哪些是最不重要的?你当前的职位满足你薪酬要求的程度如何?

你能够采取哪些行动来使你的工作更好地满足你的需求,例如,改进你的工作,接受一项"扩展"任务,或花更长的时间与你喜欢的同事在一起?

资料来源:HMM Hiring © 2001 by the President and Fellows of Harvard College and its licensors。

图 A—5　技能评估

评估日期：

技能	熟练程度 低　　高 1　2　3　4　5	可转移技能 是　　否	我希望加强的 关键技能
沟通能力			
商务写作			
企划书			
表达能力			
主持			
会议组织			
倾听			
面试			
影响力			
提交和接收反馈			
冲突解决			
谈判			
创造性或推广写作			
电子邮件沟通			
编辑或编修			
校对			
撰写职位描述			
其他：			
技术和计算机技能			
键盘输入			

图 A—5(续)

技能	熟练程度 低　　　高 1　2　3　4　5	可转移技能 是　　　否	我希望加强的 关键技能
文字处理			
电子制表软件			
超文本链接标示语言(HTML)			
可扩展标示语言(XML)			
项目管理			
电子邮件			
演示软件			
图形软件			
其他:			
财务技能			
预算			
财务分析			
成本会计			
预测			
跟踪管理			
准备商业计划			
准备投资倡议			
现金流量分析			
无盈亏平衡点分析			
质量分析			
其他:			

图 A—5(续)

技能	熟练程度 低 1 2 3 4 高 5	可转移技能 是 否	我希望加强的关键技能
监督能力			
招聘			
指导			
授权			
设定目标			
指示			
绩效评估			
领导			
激励			
对发展的培训与支持			
工作流量和进程分析			
招聘和留用			
行政管理			
其他：			
管理技能			
管理变革			
客户，内部和(或)外部管理			
项目管理			
生产或执行管理			
管理和支持上级主管的能力			

图 A—5(续)

技能	熟 练 程 度 低　　　　高 1 2 3 4 5	可转移技能 是　　否	我希望加强的 关 键 技 能
解决商业问题			
商业分析,评论思维			
内部咨询和人际网			
供应商管理			
战略规划			
策略计划			
创造性思维,集体讨论			
管理创新			
多种族员工队伍管理			
国际营销			
其他:			
团队工作技能			
领导团队			
小组问题的解决			
保持团队朝目标前进			
与虚拟团队共事			
成为团队中的一员			
协作			
其他:			

图 A—5(续)

技能	熟练程度 低　　高 1　2　3　4　5	可转移技能 是　　否	我希望加强的 关键技能
自我管理技能			
自我意识			
情商			
时间管理			
工作与生活平衡			
职业发展			
压力管理			
限制设置和目标设定			
自信地使用权力和权威			
多角度观察			
其他：			
销售和营销技能			
产品营销			
直效营销			
市场调研(负责或指导)			
电话营销			
促销			
广告			
电子营销			
商业展示/展览管理			

图 A—5(续)

技能	熟练程度 低　　高 1　2　3　4　5	可转移技能 是　　否	我希望加强的 关键技能
客户营销			
商家对商家营销			
竞争分析和计划			
直销			
销售预测			
电话销售			
顾问式销售			
其他:			
身体技能和灵巧的手工技能			
装配,制图或建造			
工具或机器的操作			
安装或修理			
针对任务对其他人进行培训的能力			
其他:			
其他行业和(或)职业技能(列表)			

经理人百宝箱

附录B 招聘过程中的法律“雷区”

附录 B 招聘过程中的法律"雷区"

注意:此附录仅适用于美国的招聘活动。

就业活动在美国受到了很多相关法律的约束,例如,招聘,解雇,歧视,性骚扰,退休金福利和工会活动等等,不一一列举。招聘歧视法使职位应聘者免于被问及那些与应聘者从事这项工作的能力不直接相关的问题。

适用于聘用的相关法律是

- 1964 年颁布的《民权法案》(Civil Rights Act),这个法案禁止因为一个人的人种,性别,民族,种族或宗教,而在雇用和工作条件等方面予以歧视。
- 《就职年龄歧视法案》(Age Discrimination in Employment Act),这个法案禁止在工作场所歧视 40 岁,或 40 岁以上的员工。
- 1978 年颁布的《怀孕歧视法案》(Pregnancy Discrimination Act),这个法案禁止在工作场所歧视怀孕或相关的医学问题。
- 1990 年颁布的《美国残疾人法案》(Americans with Disabilities Act),这个法案禁止歧视身体和智力有残疾的人。
- 1986 年通过的《移民改革和控制法案》(Immigration Reform and Control Act),该法案禁止

根据民族和公民身份歧视任何个人。

本附录提供了你作为面试官既能得到你需要的信息又保持不触犯这些法律的一些建议。列出的这些不是全部，也无意作为法律建议的根据。唯一的目的是提醒你在招聘过程中必须注意的一些问题。

在招聘的时候，出于法律责任，有些问题你是不能问的。人力资源部门知道这些问题，并确保这些问题不会出现在职位申请表格中。这些问题禁止出现在这些表格中，同时也禁止出现在面试期间。下面就是你必须注意不要提问，也不要评论的问题：

- **年龄或出生日期。**这可能使你触犯《就职年龄歧视法案》。然而，明确的公共安全职位的雇用需要有年龄限制。如果州或联邦的法律安全规定是必须的，那么可以询问年龄。例如，你可以这样询问，“如果你被雇用，你能提供证明你至少18岁的证据吗？”由于救济金和公司的其他计划方面的原因，你必须要知道应聘者的真实年龄和出生日期；无论怎样，只有在这位员工被录用之后才能提供这些。

  其他涉及到年龄的违法的问题包括：“你打算多久以后退休？”“你能为一位比你年轻的管理者工作吗？”“你认为你能跟上其他那些比你年轻的员工的步伐吗？”

- **应聘者的宗教。**除了宗教组织的章程规定之外，不要询问这个问题。你也不可以询问以下问题：“你打算在你的宗教假日休息吗？”“你有哪些与众不同的宗教习惯是我们应该注意的？”“你认为你能够适应我们的主要（可起替换作用的宗教）职责吗？”

最合适的问法是：“这个职位需要在周末工作（出差）。你有与这些要求冲突的责任吗？”

- **婚姻状况。**永远不要问应聘者是单身还是已婚。同样，避免任何可以解释为尝试确定婚姻状况的问题，例如，“你丈夫（妻子）的工作是什么？”
- **询问是否有生育的意图。**这是另外一个禁区。不要问“你是否有孩子？”或“你是否有生育的打算？”间接的问题在这个领域内也是被禁止的，例如，“如果你承担这份工作，育儿是不是你必须安排的问题？”
- **人种。**永远不要问应聘者关于他（她）的人种或种族的问题。同样，你也不能够要求个人提交的职位申请或简历中附照片。
- **性别或性取向。**另外一个禁区。
- **民族起源，种族和（或）出身。**不要问和这些有关的问题；也不要询问应聘者的父母，配偶或其他近亲的民族起源。不要因为这样说而犯无知的错误，“这是哪个种族的姓？”其他的也不要问的问题是：“你在家说英语吗？”“你会穿着美国的服装还是你本国的服装来工作？”
- **公民身份。**你同样不要问“你是美国公民吗？”也不要询问应聘者的父母，或者配偶的公民身份。然而，你可以这样问，“你拥有在美国工作的合法公民身份吗？”或者，“如果你被录用，你能够出示你有资格在美国工作的证明吗？”

- **残疾或残障。**不要询问应聘者是否在身体或智力上有残疾，或者残障，或者二者的类型或严重程度。这同样适用于关于酗酒、吸毒和艾滋病（AIDS）。其他非法的问题还包括：“你现在正在服用任何药物吗？”“你是否频繁地预约看病？”“你是否曾经住过院，或者收到工伤赔偿？”

  不过，你可以这样询问，“你是在有适当的便利条件，还是在没有适当的便利条件下才能够履行这项工作的重要职责？”

- **教育。**除非教育背景与胜任这个职位的能力有着必然的联系，否则不要询问。例如，申请财务分析员这个职位的应聘者需要满足在数学、金融和统计学等方面的教育背景要求；信件中心的员工则不需要。此外，避免设计的问题试图确定应聘者的年龄。
- **被捕或犯罪记录。**除非应聘者申请的是安全机密职位，否则你不能够问这些问题。
- **扣押工资。**永远不要问“你的工资被扣押了吗？”

在这么多种“不要问”的建议中，有没有最简单的建议呢？有，那就是：如果你的问题与手边的工作没有直接关系，那就不要问。

经理人百宝箱

注　释

注 释

第 1 章

1. 本章的部分内容引自 Harvard Business School Publishing 的在线产品"Harvard ManageMentor"中的"Setting Goals"模块。

2. Robert H. Schaffer, "Demand Better Results—And Get Them," *Harvard Business Review*, March – April 1991.

第 2 章

1. 本章中阐述的招聘的五个步骤改编自 Harvard Business School Publishing 的在线产品 Harvard ManageMentor。

2. Subrata Chakravarty, "A Model of Superb Management: Hit 'Em Hardest with the Mostest," *Forbes*, 16 September 1991, 48-51.

3. Pierre Mornell, *Hiring Smart!* (Berkeley, CA: Ten Speed Press, 1998), 123.

第 3 章

1. Ed Michaels, Helen Handfield-Jones, and Beth Axelrod, *The War for Talent* (Boston: Harvard Business School Press, 2001), 47.

2. 参见 Frederick Herzberg, "One More Time: How Do You Motivate Employees?" *Harvard Business Review*, September－October 1987, 109 -120。

3. Peter Cappelli, "A Market-Driven Approach to Retaining Talent," *Harvard Business Review*, January－February 2000, 103-111.

4. Stewart D. Friedman, Perry Christensen, and Jessica DeGroot, "Work and Life: The End of the Zero-Sum Game," *Harvard Business Review*, November－December 1998, 119-129.

5. 打开网页〈http://www.att.com/telework/article_library/survey_results_2003.html〉查看美国电话电报公司对远程办公的研究和经验。

6. Mahlon Apgar IV ,"The Alternative Workplace: Changing Where and How People Work," *Harvard Business Review*, May－June, 1998, 121-136.

7. 打开网页〈http://www.deloitte.com/dtt/e_library/0,2321,sid%253D1021,00.html〉查看"弹性工作制"(登录日期 21 August 2003)。

第 4 章

1. 本章的内容以 Harvard Business School Publishing 的在线产品

"Harvard ManageMentor"中的"Delegating"模块为基础。

第 5 章

1. William Oncken Jr. and Donald L. Wass, "Management Time: Who's Got the Monkey?," *Harvard Business Review*, November－December, 1999, 178-186.

2. 同上，183。

第 7 章

1. 本章的素材大量引用了 Harvard Business School Publishing 的在线产品"Harvard ManageMentor"中的"Coaching"和"Performance Evaluation"模块。

第 8 章

1. Frederick Herzberg, "One More Time: How Do You Motivate Employees?" *Harvard Business Review*, January 2003, 87-96. 注意：Herzberg 的原始文章在 1968 年由 HBR 出版，在 2003 年再次发行。

2. Nigel Nicholson, "How to Motivate Your Problem People," *Harvard Business Review*, January 2003, 56-65.

3. Beth Axelrod, Helen Handfield-Jones, and Ed Michaels, "A New

Game Plan for C Players," *Harvard Business Review*, January 2002, 83.

4. 本段的内容以 Harvard Business School Publishing 的在线产品“Harvard ManageMentor”中的“Dismissals”为基础。

第 9 章

1. 本章改编自 Harvard Business School Publishing 的在线产品“Harvard ManageMentor”中的“Crisis Management”模块。

2. Norman Augustine, "Managing the Crisis You Tried to Prevent," *Harvard Business Review*, November – December 1995, 147-158.

第 10 章

1. Timothy Butler and James Waldroop, "Job Sculpting: The Art of Retaining Your Best People," *Harvard Business Review*, September – October 1999, 144-152.

2. 同上, 144-152。

3. 同上,149。

第 11 章

1. Bernal Diaz de Castillo, *The Time History of the Conquest of New Spain*, trans. J. M. Cohen(Harmondsworth: Penguin Books, Ltd, 1963),

38.

2. David Bradford and Allen Cohen, *Power Up*(New York: John Wiley & Sons, Inc., 1998),232.

3. Everett M. Rogers, *Diffusion of Innovation*, 3rd ed. (New York: The Free Press,1983), 315-316.

4. Michael Beer, "Leading Change," Class note 9-488-037(Boston: Harvard Business School, 1988; 1991 年修订), 2。

5. 本段改编自"How to Lead When You're Not the Boss",*Harvard Management Update*, March 2000,1-3。

第 12 章

1. Bruce Henderson, "The Origin of Strategy," *Harvard Business Review*, November - December 1989, 139-143.

2. Michael E. Porter, "What Is Strategy?" *Harvard Business Review*, November - December 1996, 61-78.

3. 同上。

4. Clayton M. Christensen, "Making Strategy: Learning by Doing," *Harvard Business Review*, November - December 1997, 141-156.

5. Kenneth Andrews 在许多年前就在他的经典著作 *The Concept of Corporate Strategy* 中清楚地阐述过这些问题, 3rd ed. (Home-wood, IL: Dow Jones-Irwin, 1978)。

6. Porter, "What Is Strategy?" 72-73.

7. 同上,72。

8. George Labovitz and Victor Rosansky, *The power of Alignment* (New York: John Wiley & Sons, Inc., 1977).

9. Porter,"What Is Strategy?" 65.

第 13 章

1. 本章改编自 Harvard Business School Publishing 的在线产品"Harvard ManageMentor"。

术语表

术语表

应付账款(ACCOUNTS PAYABLE) 资产负债表中的一个项目,指负债公司欠供应商和其他短期债权人的钱。

应收账款(ACCOUNTS RECEIVABLE) 资产负债表中的一个项目,指客户和其他人应该付给公司的钱。

权责(应计)发生制(ACCRUAL ACCOUNTING) 一种会计实践,指在收入和费用实际发生时进行确认,而不是等到实际收到或支付现金时才确认。

资产(ASSETS) 资产负债表中的一个项目,是指过去的交易、事项形成并由企业拥有或者控制的资源,该资源预期会给企业带来经济利益。例如,可以包括现金和金融工具,未加工原材料的库存和产成品,土地,建筑和设备。资产同样包括客户和其他人应付给公司的钱——参考应收账款。

可承诺量(AVAILABLE-TO-PROMISE) 一个时间安排工具,通常安装在电子数据表中,它能够显示在任意给出的时间周期内可接受追加订单的可用产能。这个工具同样适用于个人工作时间表。

资产负债表(BALANCE SHEET) 一个描述企业所拥有的资产的财务报表,能够总括反映出企业在一定日期全部资产、负债和(或)所有者资产净值等信息。又被称为财务状况表。

预算(BUDGET) 是指在一段时间内将企业目标转化为可以量化的指标,能够反映完成目标所需要的资源以及预期回报的战略计划。

职业发展(CAREER DEVELOPMENT) 评估你处在你的工作生涯的哪个阶段,决定你要朝哪个方向发展,然后做出为了达成目标所必需的改变的过程。

职业阶梯(CAREER LADDER) 一种有逻辑性的系列阶段,通过更富有挑战性和责任的职位来促进有才能和献身精神的员工的发展。

现金预算(CASH BUDGET) 是为了反映企业在预算期间预计的现金收支的详细情况而编制的预算。

现金流量表(CASH FLOW STATEMENT) 反映企业在会计年度内由经营活动、投资活动和融资活动产生的现金流入与流出情况的财务报表。

收付实现制会计(CASH-BASIS ACCOUNTING) 一种会计实践,指实际收到或支付现金时才确认。

封闭式问题(CLOSED QUESTIONS) 只需回答“是”或“不是”的问题。

训练(COACHING) 训练是一种双向行为,是双方为了使下属的潜力最大化,并帮助他(她)实现达成共识的目标而共享知识和经验的活动。

核心职业兴趣(CORE BUSINESS INTERESTS) 这些兴趣是

长期拥有的，情感上的激情。它们源自你的个性，它们对能够使你高兴的各种活动产生着影响。

资本成本(COST OF CAPITAL) 股东和债权人在下一个对他们有益且同等风险的最好的机会上投资，他们的资本可能获得的机会成本，计算出的值作为组织的不同资本资源的加权平均成本。

销货成本(COST OF GOODS SOLD) 损益表中的一项，指公司产品生产和服务的成本。这个数字包括购买原材料和加工制造成本，和直接劳动力成本。

危机(CRISIS) 一种变化——或者突然，或者缓慢发展——导致的结果是一种管理者必须马上处理的紧急问题。

流动资产(CURRENT ASSETS) 流动资产是指可以在1年内或者超过1年的1个营业周期内变现或者运用的资产，包括现金及各种存款、短期国库券，存货、应收款项等。

流动负债(CURRENT LIABILITIES) 是指将在1年(含1年)或者超过1年的1个营业周期内偿还的债务，包括短期借款、薪水、所得税和应付账款等。

授权(DELEGATION) 由一个人将一个明确的任务或项目委派给另外一个人，然后，由被授权人来完成这个任务或项目。

折旧(DEPRECIATION) 一种非现金支出，即在资产的假设有效使用年限内实际减少的资产负债表价值。

贴现率(DISCOUNT RATE) 一种年度利率，以百分率的形式表现，是指未来付款或分期付款被还原到它的现在价值。

贴现现金流量(DISCOUNTED CASH FLOW, DCF) 基于资

金的时间价值概念的一种通过找到企业的未来现金流量的现在价值来计算价值的方法。

经济增加值(ECONOMIC VALLIE ADDED) 衡量价值增加量的经济标准,其增加量的计算是税后净利润减去投入资本的资金成本。

账面资产净值(EQUITY BOOK VALUE) 总资产减去总负债后的剩余价值。

财务杠杆(FINANCIAL LEVERAGE) 是指企业利用负债来调节权益资本收益的手段。当一家公司的资产负债表上的债务远远高于所有者的资产净值,那么我们说这个公司是高杠杆。

固定资产(FIXED ASSETS) 很难转化成现金的资产——例如,建筑和设备。有时称做厂房设备资产。

职能(FUNCTION) 与一个正在进行的活动(例如,销售,营销和培训)都相关的一组任务和项目。

未来价值(FUTURE VALUE, FV) 现在价值或者分期付款以特定的复利利率,在特定的周期内增长的数额。

甘特图(GANTT CHART) 一种以图解来说明不连续活动的持续时间和先后顺序的图表。

通用会计准则(GENERALLY ACCEPTED ACCOUNTING PRINCIPLES, GAAP) 在美国,由财务会计标准委员会制定的一套通用的会计原则、标准及程序。所有的实体在会计事项和财务报表的会计制度上都必须遵守通用会计准则。

目标设定(GOAL SETTING) 定义你计划完成的目标的过程。

商誉(GOODWILL) 一种无形的资产负债表资产。指的是资产的收购价值高于公平市场价值的金额,属于资产项目。商誉同样可以代表的无形资产还有被收购公司的极佳的名誉,或商标名称。这些可能拥有真实的价值。同样,还有另外一种无形资产,例如,专利权。

毛利(GROSS PROFIT) 销售总收入减去已销售货物的成本。是最粗略的利益率衡量标准。

最低预期回报率(HURDLE RATE) 一个公司的所有投资必须达到的最小回报率。

损益表(INCOME STATEMENT) 公司财务报表的一部分,总结公司在特定时期内的累计收入与开支。同样,还可以称为盈亏账目表,缩写为 P&L 。

渐进预算模型(INCREMENTAL BUDGETING) 从历史数字中来推断的一种预算实践。管理者通过查看前一周期的预算和真实的结果,然后根据推断来确定下一个周期的预算。

影响力(INFLUENCE) 运用能力来改变行为,态度和价值。

内部回报率(INTERNAL RATE OF RETURN, IRR) 令投资中的所有现金流量的净现值等于零的贴现率。

库存(INVENTORY) 公司在经营中所使用的储备物资,原料,元件等。同样还包括未完工作——尚处于不同生产阶段的产品——还包括已完成,但是等待销售或装船的产品。

债务(LIABILITY) 与公司的资产相对,是公司资产负债表上的财政债务。

总预算(MASTER BUDGET) 一个组织的经营预算和财政预算汇编成的预算。换句话说,总预算概括了一个组织在特定周期内全部特有的财政规划。

净收入(NET INCOME) 损益表的“账本底线”。净收入是从总收入中扣除支出和税款。同样,还可以称为净收益,或净利。

净现值(NET PRESENT VALUE) 未来现金流的现值减去先期投资的成本。

净流动资本(NET WORKING CAPITAL) 当前的资产减去当前的债务。净流动资本是一家公司在短期经营活动中投入的资金总额。

开放式问题(OPEN-ENDED QUESTIONS) 鼓励参与和分享想法的问题。

业务预算(OPERATING BUDGET) 反映企业预算期间收入,支出和经营收入等实质性活动的预算。

营业收益(OPERATING EARNINGS) 从毛利扣除经营支出和折旧。又称做利税前收益,或缩写为 EBIT 。

营业费用(OPERATING EXPENSES) 资产负债表中的一项,既包括管理支出,员工薪水,租金,销售和营销成本,也包括不直接属于制造产品的成本的其他企业成本。

经营杠杆(OPERATING LEVERAGE) 指公司的固定成本与可变成本之间的关系。例如,过多地依赖机器而很少依赖工人来生产产品的公司就是高经营杠杆。

所有者权益(OWNERS' EQUITY) 资产减去负债后的差额,

也就是说，企业里所有的东西，除了借来的东西，都属于所有者。又称为股东权益。

绩效评估（PERFORMANCE APPRAISAL） 运用特定的标准和指标，对承担生产经营过程及结果的人员完成指定任务的实际工作成绩和效果作出价值判断的一种形式方法 。

优先股（PREFERRED STOCK） 是相对于普通股而言在分配盈余、分配公司剩余财产等方面享有优先权的股份。

现在价值（PRESENT VALUE） 以某年复利利率来贴现的未来付款在今天的货币价值。

盈亏账目表（PROFIT AND LOSS STATEMENT） 参见*损益*表（INCOME STATEMENT）。

利润率（PROFIT MARGIN） 以百分率表示的赢利能力的指标，计算方法为税后净利润除以净销售额。有时称做销售回报，缩写为 ROS 。

留存收益（RETAINED EARNINGS） 在资产负债表内列在股东权益项下，计算方法为年度净利润加（或净亏损减）期初保留赢利，然后再减去向股东派发的股息。

总收入（REVENUES） 来自产品销售或为客户服务所带来的收入的总和。

滚动预算（ROLLING BUDGET） 指随着时间的推移和预算的执行，及时补充修订未来的预算，使预算期始终保持一个固定的期间。

进度表（SCHEDULE） 在规定期限内完成任务的书面承诺。

自我指导的工作团队(SELF-DIRECTED WORK TEAM) 有明确的目标的自我管理的单位。

股东权益(SHAREHOLDERS' EQUITY) 参见*所有者权益*(OWNERS' EQUITY)。

偿付能力(SOLVENCY) 账单到期时支付账单的能力。

战略制定(STRATEGY FORMULATION) 寻找使公司差异化并具有竞争优势的计划。

拔高目标(STRETCH GOAL) 管理者和员工对其重要性和价值达成一致的值得付出额外努力需要的特殊技能,或计划的超出常规责任的目标。

团队(TEAM) 少数几个具有互补技能的个人致力于一个有集体责任的共同目标。

远程办公(TELEWORK) 员工们的工作不是在常规的办公室里完成,电信和互联网使得这种工作方式更为便利。

差异(VARIANCE) 预算中真实结果和预期结果之间的差异。

愿景(VISION) 愿景是对所期待的结果的一种描绘:希望成为什么样子,如何运作,将产生什么样的结果。

流动资本(WORKING CAPITAL) 参见*净流动资本*(NET WORKING CAPITAL)。

零基预算(ZERO-BASED BUDGETING) 一种预算实践,指以"零"为基础开始每一个新的预算周期,或好像完全是第一次准备预算一样。

扩展阅读

扩展阅读

本书涵盖了对于管理者非常重要的大多数的“必读”和不同的主题。如果,你想了解得更多,请查阅下面所列出的任何一本出版物。

成为一名管理者

Hill, Linda A. *Becoming a Manager: Mastery of a New Identity*. 2nd ed. Boston: Harvard Business School Press, 2003.

许多人都立志——甚至不惜“受伤”——也要从个人贡献者转变成管理者。希尔通过对 19 名新上任的管理者的描述,揭示了这一过程的复杂性。像这些人的面试所表明的一样,成为一名管理者代表着一种意义深远的心理上的转变——很多人并不能做到这一点。希尔为公司提供了帮助这些管理者度过第一年的困境,然后成为他们的组织的主要贡献者的具体的,实用的建议。

Mintzberg, Henry "The Manager's Job: Folklore and Fact." *Harvard Business Review*, March-April, 1990.

明茨伯格在论文中谈到,管理工作包括三大类角色,人际关系,信息传递和决策。这些角色又依次都需要相应的特殊技能——例如,增进同事关系,完成谈判,激励下属,解决冲突,建立信息网络和传播信息,在没有信息或信息不明确的情况下作出决策,分配资源。这些适应工作的行为模式的运用能够使管理者在他(她)的所有的角色中更加有效,尤其是在处理人际关系和提供信息方面。

目　　标

Brown, Tom. "Turning Mission Statements into Action." *Harvard Management Update*, September 1997.

许多企业都喜欢制定"使命宣言",因为,这些"使命宣言"有助于组织明确组织的目标,并帮助员工努力实现目标。但是,如果管理者未能承担履行宣言的义务,那么,实现宣言的行动就不会产生。为了使你的"使命宣言"起效,你必须完成以下 5 个步骤:(1)重述,(2)知晓,(3)理解,(4)承担义务,和(5)行动。

Schaffer, Robert H., and Harvey A. Thomson. "Successful Change Programs Begin with Results." *Harvard Business Review*, January-February 1992.

作者认为,大多数公司的改进努力只产生了微不足道的影响,因为,这些改进与公司的目标机会没有任何关系,而且时间过长。此外,他们将活动的衡量标准等同于成绩上的实际改进。一个以活动为中心的计划混淆了结果和过程。例如,假设公司对照竞争对手,评估客户的期望值和培训员工解决问题的能力来制定基准,那么,质量,销售和利润就会自动改进。以结果来驱策方法,容易忽视漫长的准备期。相反,专注于明确的,有意义的目标则会在短期内实现绩效的改进。过程革新只有在成为实现更好的结果所必需时才被提出。承担量化变革的义务,管理者不能只要求快速见效,还应该确定哪些在起作用,而哪些没有。

Smith, Douglas K. *Make Success Measurable*! New York: John Wiley & Sons, 1999.

本书说明了如何避免产生不明确的基于活动的目标,如何清楚地表达明确的,量化的,可实现的,而且是有时限性的基于结果的目标。本书阐述的是如何去做,强调了在设定目标中结果和活动是对立的。课程还包括如何设定与客户、股东和投资人有关的目标;设定非金融目标和金融目标,并将二者有机地联系起来。理解并利用有助于成功的基于结果的目标,同时避免导致失败的基于活动的目标;选择并利用必要的管理来实现你的目标。

招聘和留用

Cappelli, Peter. "Making the Most of On-Line Recruiting." *Har-*

vard Business Review OnPoint Enhanced Edition. Boston: Harvard Business School Publishing 2001.

有 90% 的美国大型公司通过互联网招聘。只需要简单地登录网站，公司招聘人员就能够锁定适合不同级别职位的大量有资格的应聘者，而且在几分钟之内就能够筛选完毕，然后立刻联系那些最有希望的应聘者。这么做的收效是巨大的：在线招聘的成本大大降低，同样，还能够节省大量的时间。在这篇文章里，彼得·卡佩里分析了一些新兴的服务提供商和技术——中间人、求职公告板、招聘管理系统软件、可以测试技能和记录兴趣的应聘者筛选办法。他同样还考虑了当公司进入在线劳务市场的时候，为了适应这种情况而应该采取的一些战略。使招聘成果与整体的营销活动，特别是通过对公司品牌的配合与认同结合在一起，才是能够确保公司在线招聘取得成功的最重要的事情。根据这种方式，卡佩里提出了两点忠告。第一，要有人情味，不要通过电子的方式联系，这一点在成功的招聘过程的最后步骤中是非常重要的。第二，公司必须确保在线的测试和招聘标准没有歧视妇女，残疾人，40 岁以上的工人，或者少数族裔。当人才竞争异常激烈的时候，掌握在线招聘的艺术和技巧的公司才能够吸引并留住最佳员工。

Harvard Business Review. *Harvard Business Review on Finding and Keeping the Best People*. Boston: Harvard Business School Press, 2001.

这个系列的《哈佛商业评论》在文章中揭示了在今天竞争日益

激烈的人才市场如何来招聘并留住优秀人才。文章不仅说明了如何寻找优秀人才，还说明了如何利用他们的技能，即使是在他们离开之后。

Mornell, Pierre. *45 Effective Ways for Hiring Smart! How to Predict Winners and Losers in the Incredibly Expensive People-Reading Game*. Berkeley, CA: Ten Speed Press, 1998.

本书提供了在评价求职者时注重行为而非语言的策略。涵括了招聘过程从面试前的筛选、到面试过程、再到审核推荐信及背景资料等的所有步骤。

授　权

Homes, Carl, and Regina Fazio Maruca. "Fighting the Urge to Fight Fires." *Harvard Business Review*, November – December 1999.

职责授权是困难的。但是，不授权可能会带来惨重的损失。在这篇文章中，前俄克拉荷马市(Oklahoma City)消防队长卡尔·霍姆与大家分享了他最佳的有效领导的实践。甚至，大多数管理过细的管理者也能够从霍姆的关于授权价值的观点中受益匪浅。

Schwartz, Andrew E. *Delegating Authority*. New York: Barron's Business Success Series, 1992.

这本袖珍授权指导书籍概述了新老管理者们有效授权所必需的技艺和技能。本书讨论了五个重要的授权环节：确立目标、交流、激励、监督和评估。在讨论每个环节时都推荐了一些具体的技巧和方法。

时 间 管 理

Ferner, Jack D. *Successful Time Management: A self-Teaching Guide*. New York: John Wiley & Sons, 1995.

本书提供了关于时间管理原理的广泛全面的见解。作者认为时间管理是包括分析、计划和承担义务在内的一个管理过程。他还加入了能够并入日常的专业和个人职业的练习和参考资料来帮助你成功地管理你的时间。

Oncken, Jr., William, and Donald L. Wass. "Management Time: Who's Got the Monkey?" *Harvard Business Review* On-Point Enhanced Edition. Boston: Harvard Business School Publishing, 2000.

许多管理者感到压力过重。他们有太多的问题——太多的猴子——在他们的背上。管理者们总是表示，他们的时间不够用，而他们的下属却无事可做。这是威廉·翁肯和唐纳德·沃斯1974年在《哈佛商业评论》中发表的这篇经典文章中早已描述过的现象。

这篇文章描述了管理者如何逆转这种现象并有效地授权。史蒂芬·柯维(Stephen R. Covey)在他 1999 年的评论中讨论了这个要旨的持久性以及时间管理的理论如何发展才能够超越这些思想。

团 队 管 理

Billington, Jim. "The Three Essentials of an Effective Team." *Harvard Maragement Update*, January 1997.

作者讨论了区别有效团队的三要素：责任感、能力、共同的目标。作者强调责任感来自于团队成员对于团队所希望完成的目标的共同的主人翁意识。他认为，团队的建立者必须在团队成员中寻找团队成员所具备的技术能力，问题解决技能和人际沟通能力。团队的共同目标必须由团队的所有成员共同探讨、制定，并达成一致。

Gary, Loren. "Managing a Team vs. Managing the Individuals on a Team." *Harvard Management Update*, March 1997.

管理团队与管理组成团队的个人是完全不同的事情。为了使团队的效力最大化，管理者必须自问 4 个问题，尤其是在组建团队的初期：(1)团队的组织结构是不是最好的？(2)是否我已经制定的集体目标能够被团队的成员接受？(3)在团队应该如何互动方面我要向团队成员发出哪些信号？(4)我的绩效管理体系是否真的实现了报酬互赖和责任分担?

Katzenbach, Jon R. and Douglas K. Smith. "The Discipline of Teams." *Harvard Business Review* On Point Enhanced Edition. Boston: Harvard Business School Publishing, 2000.

团队的精髓是共同的责任感。没有它,团体成员就会各自为政;有了它,他们就成为一个强有力的集体绩效单位。团队与其他形式的工作群体的最基本的区别体现在绩效上。一个工作群体的绩效是由群体中的个人贡献来决定的。但是,团队所为之努力的是更重要的事情,单纯依靠团队中的个人是很难实现的。最好的团队在目标的制定上投入大量的时间,然后,他们将他们的目标转化成明确的绩效目标。团队成员的责任感就是在这个过程中形成并得以加强的。作者确定了团队的三种基本类型:建议型团队、实干型团队,以及管理型团队。关键是要真正地了解在组织中应该鼓励团队朝哪个方向发展。团队的潜力无处不在,但是等级制度或组织界限会抑制团队取得好的绩效。(这篇文章基于作者的另外一本著作 *The Wisdom of Team: Creating the High-Performance Organization*. Boston: Harvard Business School Press, 1993.)

Parcells, Bill. "The Tough Work of Turning Around a Team." *Harvard Business Review*, November - December 2000.

你如何带领一支问题球队成功地实现逆转?作为美国国家橄榄球联盟(NFL)最成功的教练之一的比尔·帕索斯向管理者提供

了以下三条法则:(1)从第一天开始就要让人们明白你是掌控一切的人,(2)冲突是有益的,和(3)设定小目标并让人们实现。帕索斯坚信,只要你引进的人员与团队有着同样的目标与激情,只要你推动他们发挥出最高水平,你就会脱颖而出,登上巅峰。

"Why Some Teams Succeed and So Many Don't." *Harvard Management Update*, January 2000.

团队——有时它们会取得巨大的成功,而有时又遭遇巨大的失败。是什么使团队产生如此大的差别呢?研究表明,这是如何管理团队——和你的公司作为一个整体是否在真正地支持团队工作的问题。其中包括团队取得成功的6种方法,和一个资源评注列表。

绩效评估和训练

Carney, Karen. "Successful Performance Measurement: A checklist." *Harvard Management Update*, November 1999.

你的绩效衡量体系真正实现促进绩效了吗?这里有一个确保绩效衡量有意义的核查表。其中包括一个评注部分——"你是否希望了解更多"和一个其他选项——名为"衡量软性东西"(Measuring the Soft Stuff)的"软性"计量指标。

Waldroop, James, and Timothy Butler. "The Executive as

Coach." *Harvard Business Review*, On Point Enhanced Edition. Boston: Harvard Business School Publishing, 2000.

你如何处理有才能,但却因完美主义而阻碍下属发挥的管理者,或者高绩效但轻视团队工作的专家?将他们从团队中清除?作者建议你对他们进行训练;帮助他们改变这种使他们脱离有价值的管理者的轨道的行为通常是帮助管理者成功的最好办法。决策人逐渐地意识到管理者的管理技能对于他们个人的成功和他们的企业的成功来说是关键因素。而成为有效的"教练"也是成功的人力管理的一个至关重要的部分。

处理问题员工

Delpo, Amy, and Lisa Guerin. *Dealing with Problem Employee: A Legal Guide*. Berkeley, CA: Nolo, 2001.

问题员工造成了大量的法律方面和其他方面的挑战。本书将向你说明如何辨别问题员工,帮助问题员工走回正轨,调查问题和抱怨,实施有效的绩效评估,应用渐进式管理方式和处理许多解雇的复杂问题。

Weeks, Holly. "Taking the Stress Out of Stressful Conversations." *Harvard Business Review*, OnPoint Enhanced Edition. Boston: Harvard Business School Publishing, 2002.

解雇一名员工可能是管理者要面对的最有压力的一次谈话。这是因为这样的谈话中充满了激动的情绪。威克斯解释说，在充满压力的谈话中，情绪是不断变化的，同时，她还强调了在将这个痛苦的消息传达给员工之前作好准备的重要性。她描述了一个找到你在充满压力的谈话中的弱点的方法并指明如何更有效地传达风格与行为。

处理危机

Augustine, Norman R. "Reshaping an Industry: Lockheed Martin's Survival Story." *Harvard Business Review*, November–December 1997.

在这个幕后故事中讲述的是冷战结束对于产业的影响，奥古斯丁讲述了管理者如何避免危机和在危机发生的时候如何处理危机的重要经验。

Burrough, Bryan, and John Helyar. *Barbarians at the Gate: The Fall of RJR Nabisco*. New York: Harper Collins, 1991.

这个故事揭示了权力，贪婪和利己主义结合在一起导致了一场危机，并说明了在危机处理中哪些可为，哪些不可为。

Fink, Steven. *Crisis Management: Planning for the Inevitable*. New York: American Management Association, 1986.

本书被许多人认为是危机处理的权威作品。利用大量非常通俗易懂的案例分析，芬克追踪引发危机的根源，分析犯了哪些错误以及管理决策如何使得危机恶化或遏止危机。他从他的研究和观察中总结出结论，并给出了直接的、实用的建议。

管理你的职业生涯

Ibarra，Herminia. *Working Identity*. Boston：Harvard Business School Press，2003.

作者描述了一种全新的职业转换理念，这个理念与传统的职业转换和发展的思维截然不同。传统的成功转变职业生涯的智慧做法是先知道我们下 ·步想干什么，然后据此来指导我们的行动。但是，伊瓦拉的主张却与此相反：行在前，知在后。职业转换不是在一条笔直的道路上朝着预先确定好的身份前进，而是直面一条蜿蜒曲折的道路，一边往前走一边认识和了解自己。

Moses，Barbara. *The Good News about Careers：How You'll Be Working in the Next Decade*. San Francisco，CA：Jossey-Bass，1999.

书中强调的是自由和弹性，这也是新的经济体制为我们提供的难以置信的自我实践和扩展的机会。这个专门的指南向你展示了如何构建一个新经济体制下的职业——包括你能够从当前工作趋势中受益的方法。还包括了获得必需技能的建议。

Waldroop, James, and Timothy Butler. *The 12 Bad Habits That Hold Good People Back: Overcoming the Behavior Patterns That Keep You from Getting Ahead*. New York: Doubleday, 2000.

这些职业专家描述了12种阻碍人们在工作中取得成功的行为。他们呈上了失败案例研究,并描述了妨碍成功的问题的特点。改正则从自我了解开始。

领　　导

Farkas, Charles M., and Suzy Wetlaufer. "The Ways Chief Executive Officers Lead." *Harvard Business Review*, May – June 1996.

作者对全世界的160位首席执行官进行了采访。他们发现了五种领导方式,每种都有一个独一无二的焦点:战略,人力,专业技术,控制,或变革,而不是160种不同的领导方法。对于领导者来说,他们的焦点是组织的变革,适应性领导工作的相关基本原则。

Harvard Business Review. *Harvard Business Review on Leadership*. Boston: Harvard Business School Press, 1998.

这本集萃收集了8篇在《哈佛商业评论》中最有影响力的关于领导的文章,向许多有关权力的真实来源的长期假设发起挑战。

Heifetz, Ronald A., and Loren Gary. "The Work of a Modern Leader: An Interview with Ron Heifetz." *Harvard Management Update*, April 1997.

这次访谈揭示了组织和个人对适应性领导工作的阻抗,并利用一些详细信息研究分析了海菲茨的"到阳台上"(即时反省)原则和"调节紧张"原则。

Kotter, John P. "What Leaders Really Do." *Harvard Business Review* OnPoint Enhanced Edition. Boston: Harvard Business School Publishing, 2000.

领导与管理虽然互不相同,但却相辅相成,而且在变动不居的世界里,两者缺一不可。管理者追求稳定,领导者则力求改变。大多数美国公司都在积极寻找具有领导潜力的员工,并使他们朝着根据职业经验设计的方向发展,以开发这种潜力。

Zaleznik, Abraham. "Managers and Leaders: Are They Different?" *Harvard Business Review* OnPoint Enhanced Edition. Boston: Harvard Business School Publishing, 2001.

管理者趋向于将他们的技能运用于外交和组织内部的决策过程。管理者希望建立一种有序的公司结构,在工作中避免感情因素。领导者,与之相反,则是引进新的方法和想法。领导者通过工作来找到激情,并通过与顾问一对一的交流来发现自己的潜力。商业组织可以通过在初级和高级管理者之间建立联系来培养领导者。本文中还包括作者的回顾性注释。

战　　略

Harvard Business Review. *How to Create Effective Strategy*. Boston：Harvard Business School Publishing，Product ＃39105.

包括了许多专家撰写的受欢迎的关于战略制定的文章，这些专家中包括迈克尔·波特和克莱顿·克里斯滕森。

Harvard Business Review. *Make Strategy Work*. Boston：Harvard Business School Publishing，Product ＃49567.

更多的关于战略和战略制定的文章，可参阅克莱顿·克里斯滕森、亨利·明茨伯格和加里·哈默的文章。

Porter，Michael. *Competitive Strategy*. New York：Free Press，1986.

许多人认为这是一本关于公司战略的权威书籍，波特的著作介绍了他的三个一般性战略：最低的成本、差异化及核心。波特同样还提出了一种预测竞争对手行为的框架，这个框架可以用来进行竞争对手评估训练。如果你只能读一本关于这个主题的书籍，那么，一定要读这本。

财 务 工 具

Bruns,Jr. , William J. "Introduction to Financial Ratios and Financial Statement Analysis." Harvard Business School Case Note 9-193-029. Boston:Harvard Business School Publishing,1996.

介绍并描绘财务比率。财务比率通常用来评估利润率,活动,偿付能力,杠杆和股东回报。

Bruns, Jr. , William J. "The Accounting Framework, Financial Statements, and Some Accounting Concepts." Harvard Business School Case Note 9-193-028. Boston: Harvard Business School Publishing,1997.

介绍了会计体系框架,基本财务报表和 11 个会计学概念。

Kaplan, Robert, and David P. Norton. "The Balanced Scorecard: Measures that Drive Performance." *Harvard Business Review* OnPoint Enhanced Edition. Boston: Harvard Business School Publishing,2000.

平衡计分卡绩效评价指标系统允许决策人从几个同时存在的方面来观察公司的情况。计分卡包括了揭示已经完成的活动结果的财务评价指标,同时还有三组经营评价指标,分别是客户满意度评估,内部流程和组织学习和改进的能力。

经理人百宝箱

顾问和作者简介

顾问和作者简介

关于内容顾问

克里斯托弗·巴特利特(CHRISTOPHER BARTLETT)是哈佛商学院企业管理系 Thomas D. Casserly, Jr. 教席教授。他获得了哈佛大学企业管理硕士和博士学位(1971 年及 1979 年)。他在 1979 年加入哈佛商学院,此前他曾是美国铝业公司(Aloca)驻澳大利亚的市场部经理,麦肯锡公司伦敦办事处的管理顾问,巴克斯特实验室(Baxter Laboratories)法国分公司的总经理。在他的 8 本著作中,《跨国管理:超越国界的解决方案》(*Managing Across Borders: The Transnational Solution*)和《个性化企业》(The Individualized Corporation)[与苏曼特拉·戈沙尔(Sumantra Ghoshal)合著]这两本著作被译成 8 种语言发行。

关于作者

理查德·吕克(Richard Luecke)是本书及“哈佛商务指南”系列其他一些书的作者。吕克现居马萨诸塞州的塞勒姆(Salem),著有和编有30多本书及大量文章,涉及商业的各个领域。他在圣·托马斯大学获得了MBA学位。